ルポ書店危機

表紙デザイン　：鈴木雄一郎
（ROOST Inc.）
表紙写真　　　：Cestsibon Aef
（unsplash）
本体表紙写真：Timo Volz
（unsplash）

（※1）全国1741市区町村のうち456市町村が書店のない地域。2022年出版文化産業振興財団（JPIC）の調査より。
（※2）公益社団法人全国出版協会・出版科学研究所　2023年出版市場（推定販売金額）より。

目次

はじめに

書店が街からなくなりつつある。書店が1店もない市町村は全国で26%（※1）にまで増えているという。この調査は2022年時点のものなので、さらに悪化していることは間違いないだろう。その最大の理由は、書店の主力商品である書籍の売上の低迷だ。紙の出版物（書籍・雑誌）の推定販売金額は2023年に前年比6・0%減の1兆612億円（※2）と、マイナス成長を続けている。webメディアの台頭、原材料費や郵送コストによる書籍単価の高騰、人件費、家賃の固定費など理由は複合的であるため、一概には言えないが、出版社も厳しい状況が続いているのは間違いない。

そんな事情を考慮し、国も動きを見せる。経済産業省は、2024年3月5日に全国で減少する書店の振興に取り組む「書店振興プロジェクトチーム」を設置。書店は地域の文化拠点としての役割があり、日本人の教養を高める重要な基盤であると定義。プロジェクトでは、書店の経営者を呼んで意見交換を行い、カフェの併設やイベント開催で集客するといった様々な工夫によって、利用客を増やした事例を全国の書店に紹介するとともに、事業承継の課題などを把握、新たな支援策を検討していくという。

これ自体はとても喜ばしいことであるが、ここではそういった書店のマネタイズの問題を取

photo : Thomas ribaud(unsplash)

photo : freddie marriage（unsplash）

り上げてはいない。書店自体がどのような役割を担い、そして地域や街に根づき、どのような思いで運営されてきたのか。実際に書店の経営者や書店員の話を聞き、書店が果たしてきたものを浮き彫りにしてみようという一冊である。

ただ、明るいニュースがないわけではない。書店閉店のニュースが連日報道されている中でも、いわゆる独立系と言われるような小規模書店は、それぞれの街に根付くことを意識した新規店舗が増えつつある。

今後、書店はどこへ向かうのか？　街から消滅するのか、存続するのか。街の本屋の現状と行く末を見つめてみたい。

総論：首都圏の書店までもが閉店

書店閉店の負の連鎖は断ち切れるのか

かつて「丸善ジュンク堂」が入っていた渋谷・東急本店。渋谷・東急本店自体も2023年1月31日に閉店となり、地上36階、地下4階の複合施設が2027年度に建てられる予定。

首都圏の書店ですら閉店する時代に

数十年にわたって地域を支えてきた書店が歴史に幕を下ろす——。このようなニュースを聞かない日がないほど、各地で書店の閉店が相次いでいる。

日本出版インフラセンターのデータによれば、全国の新刊書店の数は、2003年度には2万880店あった。しかし、昨年度には1万1495店まで落ち込んでいる。書店の閉店は複合的な要因によるものが大きいが、紙の本から電子書籍に移行が続いていることや、雑誌の人気が低調で、書店の経営を支える定期購読層の書店離れが進んでいることなども影響していると考えられる。

しかも、ここ数年は、首都圏のJR中央線沿線やJR山手線沿線など、乗降客が非常に多い駅前の書店が閉店する事例が相次ぎ、ネットを騒がせている。代表的な例が阿佐ヶ谷駅前の「書楽」だろう。太宰治や井伏鱒二などの文豪ゆかりの地として知られる阿佐ヶ谷の駅前に、唯一残っていた新刊書店であったが、2024年1月8日に閉店すると発表されると、ちょっとした騒動になり、ニュースでも盛んに報じられた。

「書楽」はその後、閉店が延期され、経営を八重洲ブックセンターが引き継ぐことになり、現在は「八重洲ブックセンター阿佐ヶ谷店」として営業している。ひとまず阿佐ヶ谷駅前の〝書店ゼロ〟は回避されたが、阿佐ヶ谷ほど人気の高い町であっても新刊書店が消えてしまう現状に、出版界の未来を心配する声が上がっている。

実際に、駅前に書店がない首都圏の駅は珍しくなくなった。書店を守るために、駅の利用者や地域の人たちが買い支えることが必要な段階にきている。手軽な電子書籍もいいが、1人が月に1冊、本や雑誌を買うだけでも書店にとってはプラスになる。地域の知識のインフラである書店を守れるかどうか、この先数年が正念場となっている。

「今後、地方の書店はもちろんですが、都心でも中小規模の書店は淘汰される運命にあると思われます。おそらく、経営体力のある都心の大型書店に、書店の機能は集約されていくことになるでしょう。しかし、大型書店やチェーンの書店も池袋や新宿などの繁華街に立地しているものを除き、不採算店舗を整理していく流れが起きると思います」

こう話すのは、ある大手出版社の編集者である。指摘のように、秋葉原の「ヨドバシカメラ」などの大型商業施設に入店していた書店も閉店している。また、以前は大型商業施設にはチェーンの書店が必ずと言っていいほど入店していた。書店は集客力があることを見込み、他の商業施設へのプラス効果を考慮して、賃料が安く抑えられたためだ。しかし、最近はそもそも開業当初から書店が一店も入らない商業施設が目立つ。書店に以前のような集客力がなくなっていることを、如実に表しているといえよう。

地方の読書家はＡｍａｚｏｎ頼み

地方の書店の減少は深刻すぎるレベルである。筆者は秋田県出身で、先日も実家に帰省してきたが、ある駅前は数年前にあった書店は言うに及ばず、飲食店や小売店が相当数閉店していた。取材で地方を訪れても、2020年以降は駅前のシャッター街化に歯止めがかかっていない印象があるし、ロードサイドの大型店にも空き店舗が目立つようになった。

地方に〝書店難民〟が続出する中、一層重要な存在になっているのは電子書籍であり、Ａｍａｚｏｎである。「Ａｍａｚｏｎは書籍に限らず、日用雑貨の取り扱いも行っている。買い物難民になっている地方民のインフラと言っていい存在です」と、秋田県在住の読書家のＲ氏が話す。地方在住の読書家は、本の購入を完全にＡｍａｚｏｎに頼り切っている人も少なくないとＲ氏は指摘し、このような不安も口にする。

「今はまだＡｍａｚｏｎが無料配達してくれるけれど、配送業界も人手不足が深刻なはずで、いつまで維持されるか……　仮にＡｍａｚｏｎが配送料をとるようになったら、読書家人口は減少するのではないかと思います。地方と都心の格差は広がる一方ですね」

栃木県宇都宮市のある書店主は、地方の書店の実情をこう嘆く。

書店にない本はAmazonを探せばいとも簡単に見つけられる。書店での偶然の出合いが少なくなる中で、地方の読書家のネットへの依存は相対的に高まっていく。

「コロナの巣篭もりの時期に、『鬼滅の刃』がヒットしたのは本当にありがたかったけれど、それもあくまでも一過性のお祭り。スーッとブームは去ってしまった。その後、自粛に慣れてしまった人たちは電子書籍の利便さを知って、書店に行かなくなってしまった。特に成人向けの雑誌やDVDは単価も高く、売れ筋でしたが、書店で買う人は本当に少なくなりましたね」

こうして地方の書店事情を書いていくと、暗い話ばかりになってしまうのだが、一方で、希望の光のように感じられる話題がある。地方に店主のこだわりを感じる小規模な書店が増えている点だ。筆者は先日、静岡県沼津市に開店した「リバーブックス」を訪問した。規模はコンパクトだが、いわゆるベストセラーなどの売れ筋の本とは一味違う、店主の嗜好によって選ばれた本が並んでいた。

書店巡りが楽しくなる、書店巡りそのものが旅の目的地になる、こうしたこだわりの書店は静岡県内にも増加しているといい、今後の地方書店の在り方として注目に値する。また、店主の独自の人脈を使って著者のトークショーやイベントを行うなど、体験型のイベントに取り組む地方の書店も現れている。書店は店主の創意工夫で様々な企画が実現できる場であることを表している。

紙の書籍は低調だが、電子書籍は好調

2000~2010年頃、出版物の部数や売上がどんどん落ち込み、出版不況という言葉が盛んに使われるようになった。しかし、現在の出版界はといえば、電子書籍の普及や漫画や小説のメディアミックスが好調であるため、盛り上がりを見せている。特に漫画を出版している出版社の業績は堅調であり、IT系や芸能プロダクションなどの異業種から漫画制作に参入する動きがあるくらいである。

出版文化研究所の調査によれば、2019年まで下降していた出版物の推定販売金額は、2020年からじわじわと上昇し、2022年には1兆6305億円の規模になっている。特に電子書籍の伸びは大きく、2014年にはわずか1144億円だった市場が、2021年には

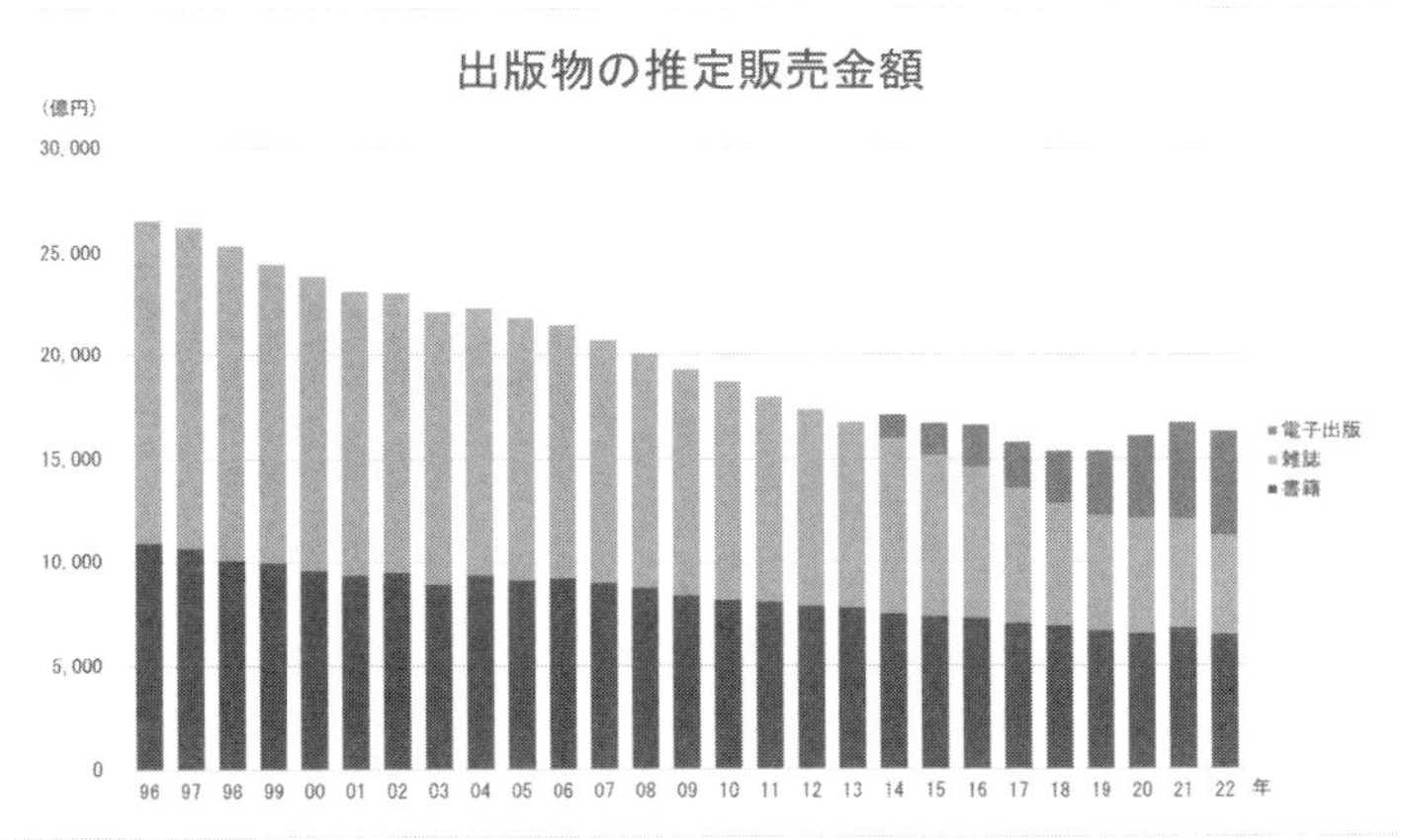

出典：出版科学研究所『出版指標 年報 2023年版』

４６６２億円まで拡大。２０２２年には５０１３億円となった。コロナ騒動の自粛も明けて経済活動が活発しつつあり、今後も市場の拡大は見込まれるだろう。

一方で、紙媒体の落ち込みは深刻である。２０１０年代からいわゆる専門誌の休刊が相次いでいるが、今後は週刊誌、月刊誌までもが淘汰されるのではないかと予測されている。誌名を挙げることは控えておくが、誰もが知るレベルの雑誌も危険水域にあり、休刊待ったなしの状況にあると言われる。

漫画の単行本からは数百万部、数千万部のヒットが出ている。特にメディアミックスの効果は絶大であり、『鬼滅の刃』も『呪術廻戦』も、アニメ放送後に爆発的な部数の伸びを示した。その一方で、漫画が連載されている紙の雑誌は厳しい状態である。「週刊少年ジャンプ」の部数は2023年10〜12月現在で約113万部と、全盛期の約653万部の5分の1ほどに落ち込んでおり、100万部を割り込むのは時間の問題と考えられる。これは漫画の読まれ方が、雑誌主体ではなく単行本主体に変化したためであるが、出版社が雑誌で稼ぐ時代は終焉に向かいつつあるようだ。

所有欲を満たす造りで紙の本は生き残る

10年後、出版界はどのようになっているのだろうか。そして、どんな出版物が注目を集めるようになっているのだろうか。予測してみよう。まずは漫画だが、現役の出版社の編集者はこう予測する。

「縦読み漫画からメディアミックス化されるヒットが出て、盛り上がっているのは容易に想像がつきますが、従来のような横読みの漫画もしっかりと支持されていると思われます。ただし、紙で単行本を買う文化は衰退し、電子書籍が主流になっているでしょう。特に、10代の若者は電子書籍で漫画を読むことに慣れており、彼らが社会人になった10年後には電子のシェアは紙に大差をつけていると思います」

では、紙の本はどうなっていくのか。前出の編集者は、「紙の需要も一定数残っていくと考えている」と話す。新刊書の中でも学習参考書は依然として売上が伸びているし、文学フリマ

ものを所有する喜びを味わうことは人間としての欲求はつきることはない。そういった意味でも書籍はグッズとしての魅力を突き詰めていく本が生まれることもあるのではないだろうか。photo：Janko Ferlič（Unsplash）

やコミックマーケットのようなイベントでは紙の人気が中心であるためだ。注目すべきは、紙の質や製本にもこだわった特別な本である。

「書籍の〝グッズ化〟が進むと考えられます。今でも、熱心なファンをもつ作品の限定版や特装版は多く出ていますが、その傾向が加速するのでは。やはり、ファンは好きな作品は紙で所有したいでしょうし、本棚に並べて飾りたいもの。漫画や画集などの分野では、ネットで注文を受け付ける受注生産式の書籍が増えていくと思います」

本のプレミアム化とでも言えばいいのだろうか。万人に売れる必要がない趣味性の高い本は、より一層豪華な仕様になって残ると思われる。こうした傾向から、いわゆる自伝などの自費出版も堅実な需要を維持するかもしれない。紙がもつ保存性や、装丁にこだわる特別感は、電子書籍では満たされない魅力があるためだ。10年後、紙と電子の棲み分けが現在以上に進んでいるのは間違いなさそうである。

第一章　地方書店

岐路に立つ地方の中小書店の現状

過疎化、少子化に苦しむ地方の書店は、今後何に活路を見出すのか

「ミケーネ」の阿部久夫店長。併設される「学習塾ガロア」の塾長も務め、奥さんと息子夫婦で店を営む。「書店をやるのは妻の夢で、私は学習塾をやりたかった。２人の想いを形にしたのがこの店なのです」

書店の閉店が加速度的に進んでいる。アルメディアの調査データによれば、2000年に2万1495店あった書店数は、2020年には1万1024店まで減少している。20年で1万店以上が消滅したのだから、恐るべき減少数と言うしかない。出版不況の影響も無視できないだろうが、WEBで手軽に本を買い求められるようになったことや、電子書籍の普及も背景にあると思われる。また、日本全体の少子化や人口減少の影響を受けていることも間違いない。

とりわけ、地方の書店は一層厳しい状況におかれている。筆者の出身地である秋田県羽後町は、人口がかつて2万人を超えていたが、現在は1万4000人を割ってしまい、著しい過疎化が進む。最盛期にはチェーン店を筆頭に書店が3店あったが、今では1店が営業を続けるだけである。現存する唯一の書店、「ミケーネ」の阿部久夫店長に聞いた。

Amazonから本を買う

「開店して3年後には年間の売上が1億円に達し、いい仕事を始めたと思いました。しかし、今では完全に赤字です。原因は、Amazonなどのインターネット販売の拡大、電子書籍の

「ミケーネ」の店名はミケーネ文明に由来する。

普及、人口減の3点です。このことは書店だけでなく取次業界にも大打撃を与えています」

出版不況が叫ばれていた2016年、取次の大手の太洋社が倒産した。現存する取次とて、経営体力が十分かというと、決してそうではないだろう。本の流通マージンは出版社によっても異なるが、書店の場合は約23%である。しかし、その仕組みも変わってきたと阿部店長が言う。

「取次からの仕入れ方にも様々なルートがあります。通常のルートに在庫がない場合、同じ取次のWEB在庫から仕入れていますが、その場合は取次が手数料をとるようになった。取次にも在庫がない本は、Amazonを見れば大抵、ある。顧客の依頼で急ぐときは、Amazonから買って渡しているんですよ。ですから、書店の原価率は年々高くなってい

「ミケーネ」店内の雑誌コーナー。秋田県は雑誌の発売が１日遅れることが多いが、出版社の定期購読に申し込めば発売日に届く。これも羽後町のような地方の書店にとっては痛手になる。「定期購読の案内が、雑誌の中に載っているくらいですからね。書店でわざわざ買ってくれる人は減少する一方でしょう」と、阿部店長。

ます」

阿部店長は「うちはＡｍａｚｏｎから毎日のように本を買っている上顧客です」と笑ったが、様々な要因から、個人経営の書店が成り立たなくなるのは時間の問題といえる。

余談だが、羽後町の隣には、菅義偉元首相の出身地の秋ノ宮を抱える湯沢市がある。湯沢市は秋田県南の玄関口を担う都市だが、湯沢駅前はシャッター通りと化している。かつて、この地域にも書店はたくさんあったと阿部店長は言う。

「湯沢市の旧市街には、書店がついに1軒だけしかなくなりました。かつては地元資本の書店がたくさんあったんです。『川井書店』、『おびきゅう』、『飯塚書店』、『松本書店』、『半田書店』……すべて閉店してしまいました。私の娘は東京の三鷹にいますが、状況を聞い

書店があれば、全国で等しく本が買える。当たり前のようだが、実は奇跡的なことなのだ。また、実際に手に取って選べるのはネットでは味わえないリアル書店の醍醐味といえる。

たら、三鷹のような大きな町でも書店が次々に潰れていると言っていました」

もはや、個人の経営努力ではどうにもできないほど、地方の書店を取り巻く状況は悪化の一途を辿っている。

成人向け雑誌が売れなくなった

現在、「ミケーネ」の屋台骨を支えているのは、漫画雑誌とコミックスである。近年は『鬼滅の刃』『呪術廻戦』などのヒット作が売上に大きく貢献した。現在は、アニメもヒットしている『SPY×FAMILY』や、羽後町の西側、にかほ市出身の漫画家・藤本タツキの『チェンソーマン』などが売れ筋である。

対して、「ミケーネ」が全盛期だった2000年代の最大の売れ筋といえば、何を隠そう、成人向け雑誌だった。ところが、インターネットの普及に比例して、坂を転げるように売上が下がっていった。成人向けのコンテンツはネットで容易に入手できるためだ。しかも書店で買えば数千円だが、ネットならタダである。阿部店長によれば、かつてのお得意様だった若者が成人向け雑誌を買いに来ないのだという。数少ない顧客は、ネット環境をもたない高齢者だけだ。

「かつては、成人向け雑誌を万引きした高校生とバトルしたこともあるし、『内緒で売ってください』と高校生から懇願されたこともありました（笑）。けれど、高校生はもう、そんなものに見向きもしなくなってしまった。現在の購買層である高齢者がいなくなれば、成人向け雑誌は終わりですね」

ボーイズラブの本も売れない

また、ボーイズラブの本もかつては売れ筋だったというが、近年は動きが鈍いという。市場としては決して縮小しているわけではないようだが、ここにも地方の書店特有の事情があると、阿部店長が言う。

「ボーイズラブの本は、読者が書店で買うのに抵抗があるようです。以前はめちゃくちゃ売れたんですが、今は読みたい人たちはネットで買っているようです。確かに、私のような男の店員から買いたくない、という気持ちはわかりますが……」

羽後町は著しい少子化が続く。2000年に128人だった出生数は、2021年は46人。町議会議員も務めていた阿部店長は「目を覆いたくなるほど落ち込んでいる」と話す。少子化の煽りを受け、屋台骨を支える漫画雑誌ですら深刻な落ち込みである。特に深刻なのが、少女漫画雑誌という。

「もっとも売れていた『ちゃお』は、数年前は月20冊売れていましたが、今月は4冊。そのほかの少女漫画雑誌は取次が月10冊は回してくれますが、なかなか売れないので返本率が凄いんです。羽後町の少子化の影響をもっとも受けているのが、対象年齢が低い少女漫画なのかもしれません」

本を店頭に並べているだけで売れた時代は終わった。書店は薄利多売のシステムゆえに、通販で遠方の顧客向けに売るのも、個人経営の書店ではAmazonには太刀打ちできないジレンマもある。一連の状況を鑑みた阿部店長は、あらゆる分野で地域の人たちを相手にした商売は成り立たなくなるとみている。それでも、「ミケーネ」に本を買いに来る客はいる。長年の付き合いがある人、そして、地元の書店を残したいと考えて買い支えてくれる人だそうだ。

中小の書店を切り捨てていいのか

「書店業界が、今後は経営体力がある大型店に集約されていくのは間違いありません。出版社でも、取次を経由して流通させる旧来の手法を問題視している社員も少なくないと聞きます。単純に考えても、取次を通さずに直に卸せば出版社の利益は増える。流通させている間に汚れたり、日焼けするなど、劣化が進むデメリットも少ないですからね」

こう阿部店長が話すように、利益を考えれば、地方の中小の書店を切り捨て、売上が出る都市部に取り扱い店を集約させた方が合理的であるのは間違いない。

その手法をとっているのが腕時計業界だ。かつては、海外の高級腕時計は地方の時計店の店頭にも並び、問屋経由で注文することができた。今では人気ブランドは都市部の大型店や百貨店に限って品物を卸すようになり、中小の時計店は仕入れることすらできなくなった。ブランド側が問屋を介さず、直営店を開く例も目立つ。

おそらく今後は、出版社が直に書店と取引し、大型書店に優先的に販売を認めるパターンが増えてくると考えられる。その予兆は既にある。２０１５年に発売された村上春樹のエッセー集『職業としての小説家』は、初版10万部のうち９万部を「紀伊國屋書店」が買い取り、残りを全国の書店に流通させるという手法がとられた。これには業界からも賛否両論が巻き起こったが、この流れは避けられないだろう。阿部店長が言う。

「人気作家の新刊などは経営体力がある大型書店にしか入荷しなくなり、必然的に地方の中小書店は衰退していくでしょう。そして、品物がそもそもない上に取り寄せもできないとなれば、必然的に書店まで足を運ばなくなるという悪循環が生まれてしまいますね」

取次のシステムは誇るべきもの

一方で、取次があるおかげで、全国のどんな地方の書店であっても、本が手に入るシステムが確立されてきたのは事実である。これが日本の文化水準の向上に貢献したのは事実ではないか。

書店では、表紙を見てコミックスを買い求め、作品のファンになるケースも少なくなかったはずだし、この本の読者にもそうした出合いを体験した人もいるだろう。作家にとっても自身を知ってもらう契機になっただろうし、客側も出合いを求めて書店に通うのは楽しみだったはずだと思う。

また、日本の文化となった漫画の黎明期を支えたのは、地方から上京した漫画家たちであった。トキワ荘の漫画家の藤子不二雄の両氏、石ノ森章太郎、寺田ヒロオらは皆、地方の出身だ。彼らが漫画家を目指すきっかけに挙げるのは、手塚治虫の『新寳島』や漫画雑誌『漫画少年』だが、こうした本が地方で手に入ったのはひとえに流通システムの賜物であろう。いわば新人の発掘と育成にも貢献したシステムを、なくしていいのだろうか。

書店は地方にとって重要なサロンである

漫画家初の国会議員である赤松健は、漫画文化を守りたいと考えているようだ。素晴らしいことである。であれば、赤松が好む同人誌即売会も確かに重要なのかもしれないが、それ以上に、地方の書店を残す政策に本気で取り組んでほしい。即売会で漫画家が育っても、そもそも売る場所が減少すればファンの増加には繋がらない。いわゆる漫画外交で漫画を世界に発信するのも良いことであるが、国内の市場をまずは大事にすべきではないか。

特に、新人育成を重視するのであれば、漫画業界が一丸となって地方の書店を応援すべきである。というのも、地方の書店は、無名時代の地元出身の作家を真っ先に応援してくれる場でもあるためだ。地域の人々が地元の作家を知る契機にもなるだろう。「ミケーネ」は町出身の漫画家のおおひなたごうや辻永ひつじのコミックスをそろえ、応援している。こうした販売手法は店舗がある書店ならではの強みで、WEB上の書店ではなかなか難しい。

コミュニケーションの場としても書店の存在意義は大きい。羽後町は喫茶店も少ない中、地域の人々から、気軽に集まれる場として「ミケーネ」が選ばれているのだ。また、阿部店長の人柄を慕い、全国から訪れる人も少なくない。「こうした人々との触れ合いが、書店を継続す

「ミケーネ」は地元の人々が持ち寄った野菜を販売する試みも行う。この日はセリが置かれていた。野菜を買いに来た人がついでに本を買っていくなどの相乗効果があるという。

る原動力になっています」と、阿部店長は話す。「ミケーネ」は今や、羽後町においてなくてはならないサロン的な役割を担い、文化発信の基地としても欠かすことができない存在になっている。

日本が優れている点は言論の自由があることで、一つの物事に対して、賛否両論、様々な立場から本が出版されている。書店ほど公平中立な思想に触れられる環境は珍しいし、大学で学ぶような知識が本を通じて得られるのだ。知識のインフラとしての書店の重要性を、もう一度考え直す時期に来ているかもしれない。地方の書店の在り方はどうあるべきか。議論が進むことを願いたい。

人気のあるタイトルは、地方の書店で仕入れることはできるのか

「『【推しの子】』って今売れているんですか？」

これまで「ミケーネ」に配本されていなかった『【推しの子】』が1冊だけ入荷できたという。しかし10巻だけであり、それ以外の巻は並んでいない。羽後町民が入手したいと思ったらAmazonを利用するか、近隣の大型書店に足を延ばすしかないのだ。

なぜ、売れ筋の書籍が入ってこないのか？

秋田県羽後町の書店「ミケーネ」の阿部久夫店長と、よく漫画を買いに訪れるというアニメファンの武田遼哉さんにインタビュー。地方の書店の現状と課題、そして未来について考えてみた。（取材は2023年5月31日時点のもの。本文で引用したデータが変わっている可能性がある。あらかじめご了承願いたい）

――書店に関しては、都心と地方の格差が著しいと言わざるを得ません。おそらく、一般のお客さんは数十万部単位で印刷されるベストセラーは、どこの書店に行っても並んでいると思っているかもしれません。しかし、実態は人気のあるタイトルほど大都市の大型書店に集中し、地方の個人経営の書店に並んでいないという実態があります。このことは、漫画家や小説家などの作家も知らなかったりします。

阿部：売れ筋を発注しようとしても、取次のサイトで在庫がないと表示されますから、仕入れることができないのです。売りたくても売れない、これではまったく勝負になりません。例えば、ベストセラーの著者のタイトルを並べて、フェアでもやろうと考えるとしましょう。しかし、そもそも仕入れられないので、フェアが開催できないんですよ。

——日販の注文サイトを見せていただきましたが、あれだけ東京の書店に並んでいる本がほとんど在庫切れだったり、注文できなくなっていることに驚きました。阿部店長はそういった本が欲しいという人がきたときは、Ａｍａｚｏｎから買って渡しているとか。

阿部：今日中に欲しいと言われたら、隣の横手市の大型書店に行くように言いますが（笑）、数日かかってもいいのでどうしても欲しいと言われたら、私がＡｍａｚｏｎから仕入れます。仕入れるというよりは、私が普通にお客さんとしてＡｍａｚｏｎで買って、届いたものを渡すわけです。

——Ａｍａｚｏｎから仕入れる本は、年間どれくらいの金額になるのでしょうか。

阿部：昨年度だけで１５０万円もＡｍａｚｏｎから買っています。完全にＡｍａｚｏｎのお得意様ですね（笑）。ただし、他の本も買ってくれる常連のお客さんのお願いだから、応えている部分はあります。一見さんのために取り寄せをやるかというと、基本的にはできないですね。買った本を受け取りに来ないリスクもありますから。

——Amazonから仕入れる本のジャンルはどんなものですか。

阿部：ベストセラーになっている売れ筋の本ですね。漫画よりも小説などの単行本が多いです。わかりやすく言えば、東京の大型書店だと平積みになっている本（笑）。うちでは並べることすらできないんですよ。

ベストセラーがほとんど並んでいない

——確かに、「ミケーネ」の店内を見ていると、売れ筋の単行本が入荷していないことに驚かされます。漫画では『【推しの子】』は10巻が1冊だけ、『ぼっち・ざ・ろっく！』に至っては、ゼロです。

阿部：『【推しの子】』って、今売れているんですか（笑）。『ぼっち・ざ・ろっく！』は並んでいるのを見たことがありません。

――めちゃくちゃ売れてますよ、『【推しの子】』！　勉強してくださいよ（笑）！　『メイドインアビス』はどうですか？　店内に並んでいませんが。

阿部：日販に在庫がありますね。入れておきます。このように、地方の書店は私のようなお年寄りが経営していて売れ筋をわかっていないことも、衰退の原因の一つだと思います。

――とはいえ、やはり売れ筋の本が配本されないのは地方の書店にとって死活問題です。小説でも村上春樹の『街とその不確かな壁』は並んでいませんし、西野亮廣の『夢と金』などのビジネス書や自己啓発本の類もほぼ配本されていません。ベストセラーの本ほど並んでいてもおかしくないのに、明らかに冷遇されています。なぜなのでしょうか。

阿部：例えば1000冊配本するとしたら、東京の大型書店に数百冊を一括で送ったほうが売れるでしょうし、返本率も低いのでしょうね。もちろん日販も大変だというのはわかります。田舎の本屋にポツポツ数冊ずつ送る場合の運賃も、日販がもつわけですからね。効率よく配本したいという考えがあるのでしょう。

――その一方で、コンビニチェーンのローソンが地方で「LAWSONマチの本屋さん」という

「ミケーネ」では書店の売上減を補填するため、クリーニングの仲介業も開始した。あの手この手で書店を守るために阿部店長の奮闘は続く。

書店併設の店舗を作っています。地方の書店には潜在的なビジネスの可能性があるのでは、という見方もできると思います。

阿部：そうでしょうか。コンビニでは雑誌コーナーをなくしたいのが本音だと、ずっと前から言われてきたんですよ。あれだけ売り場面積を使うなら、もっと売れる商品を置きたいと考えるのは自然でしょうから。ローソンが本屋をやろうとしているのは、儲けて売上を伸ばすというよりは、社会的に評価されたいという思いがあるのだと見ています。

取次と書店の関係が良好だった時代

――そもそも「ミケーネ」は秋田県内でも有数の人気書店だった時期もあったんですよね。

『疾風伝説　特攻の拓』の復刻版がしっかり入荷していた！　ぜひ羽後町の若い世代にも、暴走族漫画の傑作と、一条武丸の素晴らしい魅力に触れていただきたいものだ。

阿部：かつては、坪当たりの売上が秋田県でトップだったこともあります。その頃は社員に年に3回ボーナスを出したこともあるほど、本がよく売れました。今ではボーナスは一切ありませんが（笑）。

――私は小学生の頃から「ミケーネ」で本を買っていましたが、あの頃、『ラブひな』を買っていたら、数日後に『オヤマ！菊之助』とか『エイケン』が入っていたりしました。今思えば当時の日販は機械的に本を送るのではなく、書店の顧客にかわいい女の子が出てくる漫画が好きな人がいるから、この本を置いたら売れるのではないか……と考えてくれる目利きがいたのではないかと思います。

阿部：昔は毎月必ず日販の担当者が来ていた

羽後町出身の漫画家、おおひなたごうの漫画が並ぶ。こうした地元出身の作家の本を並べて販売できるのも、地方の書店ならではの魅力。ちなみに記者は「ミケーネ」を通して、おおひなたごうのサインをもらったこともある。

ので、そのたびにいろいろと顧客や本の情報交換をしていましたからね。こんな本を入れてイベントをしましょう、本屋のレイアウトをこう変えましょうというアドバイスももらえたのですが、今ではそもそも担当者が来なくなりました（笑）。

――なるほど、『ラブひな』を読んでいた私が『エイケン』を買えたのは、そういった日販の担当者の戦略に見事にはまったわけですね（笑）。

阿部：あと、昔は仙台市に日販の倉庫があって、好きな本を仕入れていいという仕組みもありました。選んだ本は無料でうちまで送ってくれました。家内と仙台旅行ができるので、よく行っていましたよ（笑）。当時は日販が

「ミケーネ」の阿部久夫店長（左）、羽後町在住の武田遼哉さん（右）。武田さんは地元の羽後高校の生徒会長を務めたこともあり、地域活性化などに関心があるという。

小さな書店であっても平等に対応してくれたと思います。

――そういった倉庫から面白い本を仕入れるのも、書店員の楽しみだったのではないかと思います。

阿部：今でも覚えているのが、『完全自殺マニュアル』を倉庫で偶然見つけて、これは面白そうだと思って仕入れたんですよ。周りからはこんな本売れないでしょうと言われたのですが、店頭に置いていたら飛ぶように売れました。そのあと、ベストセラーになりましたからね。

本屋を活性化させたい方、羽後町に来ませんか？

――利用者の立場から、地元在住の武田遼哉さんにも話を聞きたいと思います。「ミケーネ」を活性化させるにはどんなことをすればいいと思いますか。

武田：何回も通いたくなる仕掛けがあればいいなと。例えば、オリジナルのスタンプカードなどがあれば、足を運びたくなる気がしますね。

――武田さんは『ラブライブ！』シリーズなどのアニメが好きだそうですが、例えばそういうイベントやフェアなどがあればどうですか。

武田：『ラブライブ！』の声優さんのサイン会があれば、ぜひ行きたいですね。もしサイン会があったら、他県からもお客さんが来てくれると思いますし、ついでに他の本も買ってもらえることもあるのではないでしょうか。あと、秋田県出身の漫画家さんを呼んでもらえるといいなと思います。『チャンソーマン』の藤本タツキ先生、『みかづきマーチ』の山田はまち先生が秋田県出身なので、ぜひ羽後町にいらしてほしいですね。

『ラブライブ！サンシャイン!!』のスピンオフ、『幻日のヨハネ-Unpolarized Reflexion-』の単行本が入荷していたり、『マギア☆レポート』の最新刊もあった。

――阿部店長、何かイベントやフェアをやる気はないですか。

阿部：私ももう歳ですが、若い人が何かやりたいと来てくれたら、一緒にやってみたいですね。羽後町には現在、地域おこし協力隊が2人しかいません。本が好きで本屋の売上を伸ばすことに関心がある人は、ぜひ羽後町へ来てみませんか。仕入れは売れ筋が入らないので大変ですが、アイデア次第でいろんなことはできると思う。それに、そういう意欲的な人が乗り込んできてくれたら、日販が全面的に協力してくれるかもしれませんからね（笑）。

――日販さん、ミケーネをよろしくお願いいたします（笑）。

作家ほど地方の実態を知ってほしい

ネットニュースやSNSを見ていると、人気の漫画家や小説家が「ぜひ本屋さんでお買い求めください！」「書店を応援しています！」と発言していることがある。しかし、そういった人気作家の本は大抵、「ミケーネ」のような地方の個人経営の書店には並んでいない。羽後町に来る前に東京の大型書店を覗いたら、村上春樹の新刊がずらりと並んでいたが、一方で「ミケーネ」には1冊も並んでいなかった。

なぜ並ばないのか。ここまで読んでいただければわかるように、仕入れたくても仕入れられないからである。そして、書店がこうした状況に陥っていることは作家ほど知らない。記者が以前にインタビューをした作家は「ぜんぜん知らなかった」と驚いていた。作家がサイン会や色紙贈呈などに訪れる書店といえば大型書店やチェーン店ばかりだし、個人経営の書店が悲鳴をあげている実態はマスコミもほとんど取り上げないため、世間にも知られていないのだ。

現に、羽後町内の顧客は「ミケーネ」で本を買わず、Amazonに流れている。例えば羽後町には武田さん以外にも『ラブライブ！』の熱狂的なファンが多いが、「ミケーネ」で買う人はほとんどいない。秋田県内の他の地域でも同様の例がみられるという。これでは地方の中小書店が存続するのは難しいと思われる。

こちらも羽後町出身の漫画家、辻永ひつじの最新刊『愛するあなたは推しで王様』。地元出身の漫画家の作品を並べ、地域の人たちに認知してもらうためには「ミケーネ」のような中小規模の書店は重要な存在なのだ。

メディアの人間は東京中心で物事を考えがちだ。しかし、東京では当たり前に手に入るものが地方ではぜんぜん手に入らないという顕著な格差が、未だに存在するのである。嗜好品に関してはその傾向が顕著である。そして、長引いたコロナ騒動で地方経済は確実に疲弊し、羽後町もシャッターを下ろした店舗、廃墟、空き家が著しく増えた。地方のコミュニティをいかに維持していくのかは今後の大きな課題である。

さて、「ミケーネ」はこれまで、『初音ミク』のキャラクターデザイナーのＫＥＩにレジ袋をデザインしてもらったり、漫画家の原画展を開催したりと、意欲的な取り組みを実施してきた書店でもある。茅葺き民家を活用した民宿なども行っている。もし、この記事を読んで興味を持たれた方は訪問してみてはいか

「ミケーネ」のレジ袋は『初音ミク』のデザインを手掛けたＫＥＩが描いたもの。

がだろうか。地方の書店を守るためのアイディアをお持ちの方は、ぜひ阿部店長と対話してみて欲しいと思う。

村上春樹、最新長編小説
『街とその不確かな壁』発売にファン歓喜

都市部と地方書店との対比をみる

2023年4月13日の「紀伊國屋書店新宿本店」。村上春樹の最新長編小説『街とその不確かな壁』の発売日に合わせてポスターが掲げられ、ファンが大勢集まるなどお祭り状態であった。

村上春樹の長編小説『街とその不確かな壁』（新潮社刊）が、２０２３年4月13日に発売された。「紀伊國屋書店新宿本店」では、午前0時の発売解禁に合わせてカウントダウンイベントを実施。会場を訪れた多くのファンが買い求め、発売を祝った。

本作は２０１７年に刊行された『騎士団長殺し』以来、実に6年ぶりとなる長編。１９８０年に発表された「、」の一文字違いの中編小説『街と、その不確かな壁』をベースに執筆されたものと言われている。

4月12日、発売30分前頃になると、書店の前には新刊の発売を待ちわびていたファンが集まり始めた。電光掲示板にはカウントダウンの時刻が表示され、スマホで撮影する人の姿も。10秒前からカウントダウンが開始され、0時になった瞬間、電光掲示板が発売を知らせる告知に変化。会場から割れんばかりの拍手が巻き起こった。その光景を通りがかった人も足を止めて見入っていた。

店のシャッターが開くと、うずたかく積まれた本にファンから歓声が上がった。最初に買い求めたファンは１９８０年代からの熱心なファン。新刊の内容について聞かれ、「まったくわからない、玉手箱を開けるような感じ。楽しみで仕方ないです」「徹夜で朝まで読む。そのた

「紀伊國屋書店新宿本店」に集まった村上春樹ファン。

めに有休をとっています」と語った。村上作品は、「等身大の主人公も、エキセントリックな主人公もいる点が魅力」だそうだ。

多くのマスコミからインタビューを受けていたのが、二子玉川を拠点に村上春樹作品の読書会を行っているFutako Book Clubのメンバー。会員の三本俊輔さんは23年を超える熱心なファン。「新作をお祭りムードで受け取れたのは貴重な体験です。執筆に時間のかかる新作長編を読める機会には限りがあると思うので、大切に読みたいと思います」と語った。

また、同メンバーの渡辺浩太朗さんは、「村上さんの小説はいろいろな引き出し口があり、いろんな解釈の余地がある。読書会でもみんな好きな点が違います。村上さんは〝井戸〟という言葉をよく使いますが、異なる職種の

『街と、その不確かな壁』が高々と積まれている。

人同士がファンになって、井戸の中で深く繋がれるのも魅力」と話した。この後、メンバーで深夜営業の喫茶店などに集まり、さっそくページをめくるとのことだ。

ほかにも会場からは、「村上春樹の長編は貴重なので心して読みたい」「コロナ禍の中で執筆された小説なので内容がどうなっているのか気になる」「分厚くてずっしりと重いので読みごたえがある」「新宿でカウントダウンを行えて、まるで年越しのような気分が味わえた」などの声が聞かれた。また、「紀伊國屋書店新宿本店」の担当者は今回の企画について、「物語を求めるファンの期待に応える書店でありたい。今後もこうした企画をやっていきたい」とコメントした。

村上春樹の新刊の発売が、出版業界はもちろん、書店業界にとっても一大イベントになっていることを実感させられるイベントであった。

一方の地方書店、村上春樹の新刊の入荷冊数は…?

「紀伊國屋書店新宿本店」をはじめ首都圏の書店では、まさに村上春樹フィーバーであったが、対して、地方の個人経営の書店はどうか。秋田県羽後町の書店、「ミケーネ」の阿部久夫店長に4月13日の当日、話を聞いた。

——今日は6年ぶりとなる村上春樹さんの長編小説『街とその不確かな壁』の発売初日です。本は入荷しましたでしょうか。

阿部：今朝（13日の朝）、取次から届いた段ボールを開けてびっくり。なんと5冊も入っていました。こうした人気の新刊は、うちだと今まではお客さんからの注文が入っているのに、初日に1冊も入ってこないケースが珍しくなかった。今回はいったい何があったのでしょうか。理由はわかりません。

——5冊入ったのは、「ミケーネ」にとって画期的なことなのでしょうか。

阿部：これまでだと初日に入荷することはまずなかったので、どうしても初日に読みたいというお客さんには、うちがAmazonから取り寄せて渡していました。もちろん利益は出ませんよ。もしくは、Amazonで買ってもらった方が早いですよとアナウンスしていました。村上さんのようなビッグネームの新刊が初日に入るなんて、本当に驚きです。

——村上さんの話題の新刊ですので、「ミケーネ」にとっても弾みがつくのではないでしょうか。

阿部：この5冊は予約分だけで売れてしまいましたが、まだ予約の残りが3冊あります。追加注文をかけても数日以内に入荷するかどうかは怪しいですね。配本された分を売り切ったら次の入荷は未定、こんな本屋が全国にいっぱいあります。

今回は稀に見る珍しい事例

12日、阿部店長に連絡をしていたときは「1冊も入らないと思う」と悲観的な見方をしていただけに、まさかの5冊の入荷は衝撃であった。ただし、阿部店長の発言にもあったように、今回は稀に見る珍しい事例だそうである。基本的には、ミケーネには話題の新刊は数日遅れで入荷するか、出版社によっては事実上配本されないこともあるのだ。

このような状態なので、地方で話題の本を真っ先に入手するためにはＡｍａｚｏｎしか選択肢がなくなる。実際、記者の友人の地方在住の熱心な読書家も目と鼻の先に個人経営の書店があるのだが、「いつ入るかわからないので、Ａｍａｚｏｎで買います」と語っていた。

近年、様々な業界で個人経営の小売店の淘汰が進む。人気ブランドのスニーカーやアメリカ製のエレキギター、スイス製の高級腕時計などは、もともとは問屋経由でどこでも仕入れられたものが仕入れられなくなり、馴染みの顧客の要望に店が応えられなくなる事例が続出している。

幸いにも本はどんなに時間がかかっても書店で取り寄せることはできるため、まったく買えなくなったわけではない。出版社も取次も、売上が大きい大型店に経営資源を集中させたいのは当然なのだろう。しかし、それでいいのだろうか。いつでもどこでも等しく本が買えるのが日本の書店流通網の強みであったはずだし、それが日本文化を豊かにしてきた源泉ではなかったか。せめて予約分だけでも、初日に入荷するようなシステムができてほしいものだ。

地方の書店の未来

今まで当たり前にあった町の書店の風景。今後書店はどこへ向かうのか。皆で考える時期になったといえるだろう。

今回の書店ルポで何度か取材を重ねた人口約1万3000人、秋田県の地方で奮闘する個人経営の書店「ミケーネ」の阿部久夫店長のインタビュー、最新版である。羽後町では、今年の5月に町の中心部・西馬音内にあるスーパーマーケット「バザール」が閉店する。買い物難民が多数発生する事態が想定され、地元では大きな騒動になっているという。

それだけではない。ここ数年の間に秋田銀行の支店も消滅し、古くからある金物店の大黒屋も閉店、歴史ある病院の仙道医院も閉院した。羽後町は道の駅が好調であり、秋田県内でもトップレベルの人気を誇っているが、その陰で昔ながらの店が相次いで消滅している。

阿部店長は現在75歳。1992年に家族3人で開業した「ミケーネ」の売上は順調に伸び、4年後には月商1000万円を超える月もあり、職員2人を雇用するほどになった。

たびたびインタビューを重ねてきたが、阿部店長からは、元町議会議員として深刻な空洞化が進む地元の将来を嘆く声も聞かれた。羽後町は著しい高齢化と人口減少が進んでいる。日本の地方のあらゆる問題を抱えており、地方の縮図そのものと言っていい。そんな町の書店を例に、地方の書店の未来を考えてみたい。

人口減少に比例して売上が減少

——2023年の取材の際も、阿部店長は苦しい経営状態を吐露していましたが、現在はどうなっていますか。

阿部：書店を開業した時に2万1000人だった人口は、現在は1万3000人と約40％減少しています。本の売上は、最盛期で年商1億円だったのが、昨年度は税込2千600万円まで落ち込みました。粗利益は約500万円なので、経費を差し引くと手元に残るのは200万円台です。朝から夜10時まで家族3人で働いて、ですよ。高卒の新入社員給料より安いです。だから、私が開業した時に湯沢雄勝地域で8件あった書店は、「ミケーネ」以外はすべて看板を下ろしました。

——人口が減少すると、子ども向けの本の売上はどんどん下がりますよね。

阿部：かつては、高校や中学生が学校帰りにライトノベルやコミックスを買っていましたが、生徒数が著しく落ち込んでいるため、若者をターゲットにした本が売れなくなっています。もちろん本離れが進み、動画やネットに関心が移っている影響もあると思います。

――高齢者のお客さんも減少しているのでしょうか。

阿部：羽後町のような田舎でも、新書や文庫などを熱心に読むインテリ層の大人がいましたが、高齢になって本を読めなくなったり、病気で亡くなったりしています。高齢者は増えているのですが、高齢者の読者は急激に減少しています。新聞の死亡欄を眺めて「あ、○○さんが亡くなった」と、力を落とす日々が増えています。

――雑誌の売上はいかがですか。

阿部：「週刊文春」「週刊新潮」「週刊現代」は美容院や病院などの配達での売上、つまり定期購読が8割で、店頭では驚くほど売れなくなりました。つまり、ふらっと週刊誌を買いに来る人がいなくなったということになります。「週刊少年ジャンプ」も最盛期の約75％減ですね。

――『SPY×FAMILY』や『【押しの子】』など、ヒット漫画がたくさん出ています。ミケーネでは売上に影響しないのでしょうか。

阿部：『【推しの子】』は……うちでは売れていないね。1990年代に『ドラゴンボール』がヒットしていた頃は、単行本が発売日に入るとごっそり売れたんですよ。『ONE PIECE』だって、新刊が初日に一気に20～30冊ははけていたのに、今は初日に2～3冊しか売れません。今の漫画はアニメになったときに一時的にブームになるだけで、長く人気が続く作品は少ないのかもしれない。特に、アニメ化されていないマイナーな漫画を買う人は、本当に数が少なくなりました。

――どんなに漫画がヒットしても、地方の書店の経営改善には繫がらないと。

阿部：若い人たちが漫画に興味なくなっているのか、Amazonで買っているのか、電子書籍を買っているのかでしょうね。割と売れるのは子ども向けの図鑑で、お母さんたちが買っていくので在庫を切らさないようにしています。

――そうなると、書店だけで生活するのは不可能ですね。「ミケーネ」は学習塾も運営していますが、こちらも少子化の影響を大きく受ける分野だと思います。

阿部：おっしゃるとおりで、学習塾の収入も、人口減少の煽りをもろに受けて減少しています。学校統合が進み小学校は12校から4校に、中学校は1校だけになりました。学校図書の売上が減少し、経営する学習塾の月謝が減少する負のスパイラルに直面し、ブラックホールに引きずり込まれていくような気持ちになるときもあります。

インバウンド効果で民宿は堅調

——「ミケーネ」では民宿「格山」の運営もしています。そちらの方はどうですか。

阿部：息子がやっている茅葺き民家の民宿「格山」は順調に伸びています。今や宿泊客の半数以上は海外からです。ありがたいことに、民宿予約サイトのＡｉｒｂｎｂで、５点満点で４．９７の評価を頂いています。好調なので、６月に５００万円ほどかけて改修する予定があるほどですね。

——羽後町にもインバウンドの影響が大きく及んでいるのですね。

阿部：そうですね。今日は香港、明日はオーストラリアからお客さんが来ます。息子には書店も手伝ってもらっていましたが、今後は民宿をメインに頑張ってもらう。私は75歳だから、書店はあと5年くらいできればいいなと思います。

公共施設は地元の書店から本を買って欲しい

――地方の書店を維持するために、必要なことは何だと思いますか。

阿部：せめて、公共的な図書館や病院、学校などで使う本は、地元の書店で買って欲しいですね。図書館関係の本を、図書館流通センターなどから仕入れている自治体も多いと聞きます。また、学校の教材、学習参考書の「チャート式」なども書店を通さずに直に出版社と取引している例もあります。羽後高校は学校図書や参考書をミケーネから買ってくれています。本の値段はどこで買っても同じなのだから、自治体はせめて地元から仕入れるべきではないでしょうか。

――今後、「ミケーネ」はどうなっていくのでしょう。

阿部：私たち夫婦は、ただ本が好きだというだけで書店を始めました。子どもがここまで減ってしまう、小売業がこんなにやっていけない時代になるとは思わなかったですね。でも、書店がなくなっていく時代だからこそ、私が元気なうちは、細々とでもいいのでなんとか町の本屋を続けていければと思います。ただ、繰り返すようですが、書店だけではやっていけないんですよ。書店の経営に意欲のある人が、当店を引き継いでくれるといいのですが……

――苦しい中でも書店を続ける阿部店長の原動力は、何なのでしょうか。

阿部：なんだろうね。「ミケーネ」は今やコミュニケーションの場になっている。それが楽しいからかな。本に関係ない来客が毎日10人以上来店し、お茶やコーヒーを飲み語り合っていきます。様々な世代の人が来店して、人生相談や移住相談だったり、ビジネスの話だったり、政治の話だったりと、いろんな話をしながらお茶を飲んでいきます。羽後高校の活性化のためにやってきている慶應義塾大学の湘南藤沢キャンパスの生徒もよく来ます。その中から移住者が増えたり、新たな事業が始まったりしています。あらためて考えてみると、書店「ミケーネ」が地域を活性化させる一つの〝熱源〟になっているという確信が、書店を続ける原動力になっているような気がします。

――書店がコミュニティを形成するのですね。

阿部：うちの女房は、来た人を誰でも歓待するからいいのだと思います。書店を守っていくのは、最終的には〝人〟なのかもしれませんね。とにかく、私も女房も人と話をするのが好きなんですよ。だから、書店の経営は面白いことは面白いし、熱意が続くうちは店を潰さないようにしたいと思っています。

“転売屋”はなぜ根絶できないのか

書店で起こっている転売問題も含めて考える

高級ブランドのブティックが立ち並ぶ銀座の街並み。地方では人気ブランドの取扱店が消滅したうえに、メーカーが通販もしていないブランドが多いため、交通費をかけて都市部まで赴くしかない状況が生まれつつある。様々な分野で転売屋が横行しているのは、こうした地方在住の趣味人の“買い物難民”の需要に支えられている一面もあるのではないか。

転売屋から「買う」層を分析してみると

限定のグッズや流行のアイテムをどうにかして手にしたい――。こうしたニーズを狙うのが〝転売屋〟、俗にいう〝転売ヤー〟である。昨今、転売屋ほど人々に嫌われている存在はないだろう。

「好きなものが転売屋のせいで手に入らない」
「転売屋のせいで本当に欲しい人のもとに渡らない」
「高く売って利益を出す転売行為そのものが許せない」

……などなど、SNSを見れば転売屋はとにかく憎悪の対象になっているのがわかる。売り出されたばかりの商品が、時には定価の倍以上の価格でフリマサイトに出品される。そんな光景は、もはや日常茶飯事である。

しかし、転売屋が存在するのは「転売屋から買う人がいる」からに他ならない。定価より高くても欲しい人がいるから、値段が吊り上がっていく。そして転売屋がビジネスとして成り立つのである。

では、いったいどんな人が転売屋から買っているのか。事情は人によって様々なので一概には言えないが、ひとつに挙げられるのが地方在住者である。筆者は、転売屋がいなくならない要因は、東京と地方の格差が影響していると考えている。

欲しいものが手に入らない

インターネットの普及で、情報の面では東京と地方の格差がほとんどなくなった。しかし、商品の入手難易度に関してはむしろ格差が拡大しているように思う。現状、地方在住者には「買いたいのに買えない」ものが多い。だからやむなく、転売屋を利用している人は少なくないのだ。

いやいや、店に行けば品物はあるだろう、地方でもＡｍａｚｏｎでいくらでも買えるじゃないかと思う人がいるかもしれない。確かに、〝生活必需品〟ならいくらでもネット通販で買えるようになった。しかし、転売屋がターゲットにしている〝嗜好品〟は、ネットで簡単に買えないものが多いのだ。

たとえば、鉄道の切符もそんなもののひとつだ。長引いたコロナ騒動や人口減少に伴い、鉄道会社が切符販売の窓口を相次いで閉鎖している。社会問題としても取り上げられることが多い話題だが、とりわけ、地方在住の一部の鉄道ファンにとっても大変な問題である。

窓口の代替手段として券売機やネットの予約サイトが存在するものの、発売されると数秒で売り切れる、臨時列車、最終列車、一番列車などの特別な切符は、システム上のタイムラグがあるため、窓口に並ばなければ入手が極めて難しい。ところが、地方では地域の拠点駅からも窓口がなくなる例が相次いでいるのだ。

そして、書店で売られるものでは、いわゆるサイン本などの限定商品である。サイン本の取り扱いは都心の大型書店でしかないことがほとんどだ。ましてや作家やアイドルのサイン会などは地方ではほぼ実施されない。ある作家が「サイン本をフリマサイトで買わないでください」と呼び掛けていたが、限定数十冊の本を入手するためにわざわざ東京に行かなければならないのは、あまりに酷ではないか。

このような嗜好品の入手難易度は、東京と地方で格差が大きく開きつつある。買いに行く手間がかかりすぎるため、転売屋を利用する人が増えるというわけだ。

以前なら買えたものが買えなくなった

地方の書店では、新刊が発売日に並ばない、それどころか発売日から数日経っても本が届かないという事例が相次いで起きている。他の商品でも、メーカーや問屋側の都合で、商品が小売店に回ってこなくなった事例はたくさんある。近年高騰が相次ぐ、ロレックスなどの高級腕時計がわかりやすい例だ。ロレックスは基本的に、1990年代後半くらいまでなら問屋と取引ができれば田舎の時計屋でも仕入れることができた。ヴァシュロン・コンスタンタン、オーデマ・ピゲなどの雲上ブランドの時計も、扱っている店はけた違いに多かったのである。1990年代初頭なら、筆者が生まれた秋田県羽後町ですら、ロレックスを店頭に並べていた時計店は確認できただけでも町内に2店あった。当時の町の人口は2万人程度である。ロレックスは確かに高価ではあったものの、市町村の代表的な時計屋であれば必ず置いてあるほどメジャーなブランドだった。

それが2000年以降、メーカー側のブランド化戦略の一環で、取扱店が急激に減少していった。それでも老舗の地域一番店は扱えていたのだが、2010年以降は加速度的に数を減らしてしまい、ほぼ大都市の百貨店か高級時計店でしか手に入らなくなっている。しかも、腕時計のために欲しくもない壺や絵画を買って外商顧客になっても、手に入る可能性は低くなっているという。こうなると、転売屋から買った方が安上がりで合理的と判断する人が増えるのも、当然といえよう。

地方の小売店が苦境に喘ぐ

さらに、ポケモンカードやガンプラなどのおもちゃ、高級ブランド品といったあらゆる分野で起きていることだが、コロナ騒動の長期化、少子化、過疎化の進行に伴い、地方の小売店が閉店に追い込まれる例が後を絶たない。そのため、地方では一昔前なら誰もが店頭で買えたり、予約すれば取り寄せられたりしたものの入手が難しくなりつつある。

特に、地域の富裕層が利用していた百貨店が消滅すると、嗜好品の買い物難民が確実に増加する。地方では「百貨店でしか買えない」ものが多いためである。島根県では一畑百貨店が2024年に閉店すると発表し、騒ぎになった。東北地方は百貨店が次々に消滅しており、2017年、宮城県仙台市、仙台駅前の「さくら野百貨店仙台店」が閉店し、2020年には山形県山形市の「大沼」も経営破綻した。

ロレックスを例に挙げると、かつて上記のほとんどの百貨店で取り扱いがあった。しかし、東北地方では宮城県仙台市の1店舗しか正規で扱う店がなくなり、山陰地方に至ってはゼロである。そのため、外商顧客までもがロレックスを買えなくなる事態が続出している。そういった買い物難民たちは、転売屋、もしくは転売屋が中古時計店に流した在庫から買っているのである。

転売屋から買う人々の意識は共通している。「欲しいものを手にするためには転売屋に頼るしかない」状況のため、利用しているのが現実であり、「できることなら転売屋なんかから買いたくない」のが本音なのだ。好き好んで定価より高い値段で買いたい人などいない。しかし、「欲しいものをどうにかして手に入れたい」という欲望を抑えることは難しいのである。

なぜ転売屋を利用するのか

近年、とりわけ転売が盛んなのは、アニメやアイドル関連のグッズである。この分野ではライブ会場限定、店舗限定などの限定品がとにかく多い。会場に行かなければ手にできない商品が普通にあるため、転売に拍車がかかっているのだ。筆者は転売屋が仕入れたものを買う側の人間に取材し、心境を聞いた。

「転売屋？　一言で言うなら、神様ですよ」

開き直ったようにそう話すのは、秋田県在住で声優アイドルファンの男性A氏である。彼がこの日身に着けていたアイドルグッズ、持参してきた漫画家のサイン本は転売屋から入手したものという。繰り返すが、転売がなくならない理由は、定価より高い値段でも買う人がいるからである。A氏はなぜ買ってしまうのか。

「簡単な理由ですよ。このアイドルのグッズは東京のライブでしか手に入らないし、サイン本も東京の本屋でしか売っていない。東京に行く交通費や宿泊費を考えたら、転売屋から買った方が遥かに安いんです。しかも朝一で買いに行っても品切れで買えない可能性もあるでしょう？わざわざ交通費までかけて手ぶらで帰るリスクを考えたら、多少のお金を上乗せしてでも僕は転売屋から買います」

東京までの交通費が高すぎる

参考までに、秋田駅から東京駅までの新幹線の往復交通費は合計約3万6000円である。宿泊代を7000円と見積もると、都心在住者よりも約4万3000円前後も出費が増える。これはアイドルのライブに3回は行ける費用だ。仮に夜行バスで宿泊代を浮かせても、往復1万2000円はゆうにかかるだろう。

対して、A氏が推している声優アイドルの場合、転売屋がグッズ代に上乗せするのは3000〜5000円ほどで、高くても1万円ほどという。なるほど、これなら転売屋から買った方が安上がりである。

「東京の人たちは交通費がかからないから羨ましいですよね。もちろん、地方から遠征する人もたくさんいると思いますし、素直に凄いと思います。でも僕は仕事も低賃金だし、そもそも仕事がピンポイントで休めない。それでもグッズは欲しいんです。公式が通販をやってくれないなら、転売屋から買うしかないんですよ」

ちなみに、A氏は人づきあいが苦手で転職を繰り返し、現在は福祉関連の仕事をしている。手取りは15万円ほどで、連日連夜の仕事で肉体的に疲弊することばかりという。そんな時に出会った〝推し〟が、が自分を救ってくれたのだそうだ。以来、グッズの収集に邁進しているのだと語ってくれた。

転売屋から買う人、実は多い？

SNS上では同調圧力が強いため、「転売屋から買っている」とは口が裂けても言えない雰囲気がある。しかし、転売屋のおかげで助かっている地方出身者は潜在的に多いのではないだろうか。現に、A氏の地元にも、躊躇はしながらも転売屋から買う人は何人もいるそうだ。

「転売屋が商売として成り立っているのは、転売屋に文句を言いながらも、陰でこっそりと買っている人がいるからだと思いますよ。匿名取引ができるフリマサイトから買えば、わかりません。むしろ、アンチ転売屋を叫ぶ人も周りに合わせてそう言っているだけで、実際は転売屋から買っているかもしれない」

A氏は「僕の気持ちはわかってもらわなくていい。ファンの風上に置けない人と言われても結構です」と話すが、筆者が話を聞く限り、かなり熱心なファンであると見受けられた。なお、ライブに遠征できるときは遠征しているといい、すべてのグッズを転売屋から買っているわけではないと付け加えておく。A氏のケースをまとめると、「定価で買いたいけれど買いに行けない」「買いに行くためにかかる経費が高すぎる」「公式が通販をしてくれない」ため、転売屋を利用しているのだ。

買う側に立つと見えてくる社会問題

この話を、筆者が東京出身で東京在住の友人に話したら「そんなことは思いもしなかった」と驚嘆していた。そして、こうも語る。

「転売屋は大嫌いだけれど、転売屋から買う人の気持ちは少しわかった。だって僕は、身の回りにモノがあふれていて、普通に買えるのが当たり前だと思っていたから、地方の辛さなんて考えたこともなかった」

これまでマスコミが転売問題を扱う場合、転売屋側に取材することが多く、そのたびにSNSは「転売屋許すまじ」という論調で盛り上がっていた。対して、転売屋から買う側にはほとんど取材してこなかったように感じる。もちろん、転売屋の行為には眉を顰めるものが多い。しかし、買う側の「どうしても欲しい」という気持ちは否定されるべきなのだろうか。

東京に住んでいる人が、急に地方の田舎町に転勤させられたケースを想像してみてほしい。これまで当たり前に手に入ったグッズが身近で手に入らなくなった。売っている店までは交通費もかかり、買いに行く時間もない。それでも手に入れたい。こうなった場合、転売屋を100%利用しないとあなたは言い切れるだろうか。

転売屋がいなくならない理由は様々だが、買い物難民の存在が転売屋を蔓延させる要因のひとつになっているのは間違いないようだ。転売は社会問題化しているが、その対策においては企業や小売店側の負担も大きく、現場が疲弊しているという意見もある。特に、希少性が高い限定グッズの販売の仕方や、フリマサイトのルールはどうあるべきか。様々な観点から議論がなされるべきであろう。

地方書店の相次ぐ閉店

高齢者が本を買う場所がなくなる状況で、
シニア向け雑誌にも大きな影響？

マキノ出版はシニア向けの健康系雑誌を出版。ユニークな企画で多くのヒット記事を作っていたが書店減少の影響もあり苦境が続いていた。

書店の減少がシニア雑誌を苦境に追い込んだ？

1974年創刊のシニア向け健康雑誌「壮快」で知られるマキノ出版が、2023年3月2日、東京地裁へ民事再生法の適用を申請した。その後5月29日に民事再生手続廃止決定と保全管理命令を受け破産手続きに移行こととなった。同誌は創刊以来、数々の健康法ブームを生み出し続けてきたパイオニアとして名高いが、近年の出版不況やインターネットの普及を受けて売上が減少していたという。

2000年代初頭から若者の雑誌離れが叫ばれていたが、対するシニア向けの雑誌はまだ安泰という識者も少なくなかった。しかし、実態としては部数減が続き、決して盤石ではなかったのだ。シニア向け雑誌の部数減が続く要因の一つに、リアル書店の減少を挙げる識者もいる。

出版業界を俯瞰すると、漫画のように電子書籍との親和性が高い分野は好調で、出版社は決して不況というわけではない。一方で、Amazonやネット書店の影響を大きく受けるリアル書店は、業界全体が確実に不況である。

日本出版インフラセンターによると、書店は2012年の段階では全国に1万6722店あったという。しかし、2022年には1万1952店まで減少し、わずか10年で4770店が閉店したことになる。店舗数の減少は深刻といえる。

閉店が相次ぐ地方都市の駅前書店

地方では書店が続々と閉店に追い込まれている。駅前にあるような昔ながらの個人営業の書店は老舗とて安泰ではなく、駅前の空洞化や人口減少、さらには長引くコロナ騒動で受けたダメージも大きいようだ。

藤子不二雄Ⓐの『まんが道』にも登場する富山県の「文苑堂書店」は、1946年以来続いた高岡駅前の店を2019年に閉店してしまった。静岡県沼津市にある「マルサン書店仲見世店」は、『ラブライブ!サンシャイン!!』の登場人物・国木田花丸が通う店としてラブライバーの聖地巡礼スポットにもなっていたが、2022年、コロナ騒動の真っ只中に閉店した。「文苑堂書店」は駅前の店こそ閉店したものの、郊外を中心に大型店を出店し、地方書店の中でも攻めの経営を貫く。「マルサン書店」も郊外の大型店は維持されている。だが、郊外の店へのアクセスは自動車が必須であり、高齢者の来店ハードルは上がる。地方都市では高齢者が駅前に住まいを構える例も多いため、本が買いたくても買えない、買い物難民が発生しているとされる。

現在の高齢者が年齢を重ねると雑誌が軒並み休刊に？

元「テレビブロス」編集者のライター・中川淳一郎によれば、2000年頃の時点で、「テレビブロス」の読者の多くは高齢者が占めていた。同誌はテレビ雑誌の中でも異彩を放っていた存在である。筆者はサブカル系の人々に支持されていたと思っていたのだが、意外や意外、高齢者が主たる読者層を形成していたのである。

中川はその要因を、「テレビの情報だけを知りたいのであれば、新聞を毎月購読するよりも雑誌を買った方が割安だから」と指摘する。3月1日に休刊になった「週刊ザテレビジョン」は、しばしば「ジャニーズのファンが買っている」などと揶揄されることがあった。確かに表紙やグラビアページ目当ての読者はいただろうが、実際は高齢者の潜在的な読者も多かったのではないだろうか。

2022年は近年稀にみる異常な超過死亡者数を記録し、さらに著しい少子化が進むなど、日本の人口が急激に減少した年であった。このような状況が続けば、立ち行かなくなる地方都市も出てくるはずだ。高齢者はリアル書店で雑誌を買うケースが多かった。それが最寄りの書店が閉店して〝買い物難民〟化すると、雑誌の購読そのものを止めてしまうのではないか。

現在の60〜70代がさらに年齢を重ねた5年、10年後には、多くの雑誌が休刊に追い込まれるという予測もある。定期購読誌の「ハルメク」のように一般書店で販売しない雑誌が好調だが、基本的に雑誌とリアル書店は一心同体の関係にあるのだ。出版社と書店が一丸となって雑誌を売る手法を考えていかなければならないだろう。出版社にとっても、書店にとっても、今が踏ん張りどころといえる。

地方の書店　収益源は何だった？

書店員が語る、地元名士の存在
「ハードカバーの高額本は家の中で目立つ」

自宅にある書斎や天井まであるような本棚はステータスだった。特に革張りやハードカバーの本は、知的で富豪のイメージもあり、インテリ層による高価な本の購入は、地方の書店にとっては大きな収益源だった。

地方のインテリ層の存在

筆者は長年、地方の社会問題を取材してきているのだが、地方のいわゆる〝名士〟の家に上がらせてもらうと、立派な書棚に百科事典や文学全集が並んでいる光景をたびたび目にする。なかには小さな図書館並みに本を持っている人もいるし、『大漢和辞典』などが一巻も欠けずに整然と並んでいるのを見ると圧倒されずにはいられない。

聞けば、地元の書店で買い求めたものだというが、昭和の頃まで、地方の名士には本を爆買いするインテリ層が多くいた。いわゆる学校の教師、医者、弁護士などの職業だけでなく、地域をまとめる豪農にも、とんでもない量の蔵書を抱えては自身の書斎を有している人が多くいたのである。

地方の書店にとって、そういったインテリ層は相当なお得意様であった。特に人気が高かったのが、ハードカバーの百科事典や文学全集などのとにかく高価な本である。地方の富裕層にはそういった本を競うように買い求める層が少なくなかった。

もちろん、実際に読んでいた人も多かったと思うのだが、こうした本は名士にとってもう一つの重要な役割をもっていた。昭和の時代を知る、地方の書店員はこう話す。

「読もうが読むまいが、ハードカバーの本は家の中で目立ちますよね。名士のもとには毎日のように客がやってくるわけだから、難しそうな本がずらりと並んだ本棚は見栄を張る上で効果的だったのだと思います。金箔を使って豪華さを競った仏壇などとともに、本棚の蔵書も名士の格を上げるために重要な存在でした」

仏壇と本棚が肩を並べる存在とは恐れ入ったが、そうした効果があると考えられていたのも、インテリは読書家なのだという共通認識が地方の人々の間にあったためだろう。百科事典、文学全集、美術全集……こういった豪華本を買い求める顧客は、地方書店の収益の柱になっていたのである。

スローライフを否定する名士がいる理由

しばし地域おこし協力隊や移住者と地元の名士が衝突するのは、感覚のズレがあるためだと筆者は考えている。移住者はスローライフや牧歌的なイメージを地方に求める。ところが、名士たちはそんなものを求めていないのである。

山形県のある豪農は、「移住者はミニマリストというのか、お金を使わない考えを押し付けてくる人が多いんです」「私はそんな暮らしは求めていない」と言い切った。名士の中には、自分たちは高い教養をもち、東京よりもラグジュアリーで教養ある生活を送っていると信じている人が少なからずいる。

現在でも本棚に百科事典をずらりと並べている名士の家を訪れると、昭和の頃までは実際にそうだったのだ、ということがわかる。しかし現代では、そんな豪華本を爆買し本棚に並べてステイタスを誇るという「本を囲むライフスタイル」は廃れつつあるのかもしれない。

コラム

地方で活躍する消しゴムハンコ作家に聞く

“御書印”を制作した想いとは？

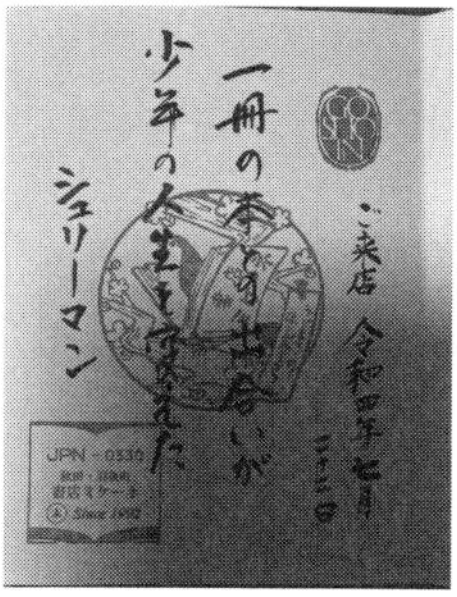

JUMBOがデザインした、「ミケーネ」の御書印。「ミケーネ」の店名はミケーネ文明に由来する。「ドイツの少年シュリーマンが、子供の頃に読んだトロイの木馬の本をもとに発掘したところ、「ミケーネ」とトロイアが発見された。一冊の本が少年を大きく変えたという本を読んで、書店をやるなら店名を『ミケーネ』にしようと思った」と、ミケーネの阿部久夫店長。その想いが筆で記されている。

「ミケーネ」の御書印を制作

地方の中小書店が衰退産業と言われる中で、秋田県羽後町にある書店「ミケーネ」は決して手をこまねいているわけではない。例えば、〝書店と人を結ぶ〟目的で始まった「御書印プロジェクト」に参画している、秋田県内で4店あるうちの1店である。

その御書印のデザインは、隣町の横手市で活動する消しゴムハンコ作家のJUMBOが手掛けたものだが、何気ない雑談の中で依頼が決まったという。地元のクリエイターとともに、地元を盛り上げようとする「ミケーネ」。今回はJUMBOに話を伺い、書店に引き付けられる理由と、地方で創作活動を行う原動力について探ってみた。

――秋田県内で「御書印プロジェクト」に参加している書店は、秋田市の「ひらのや書店」、「ジュンク堂書店 秋田店」、横手市の「金喜書店」、そして羽後町の「ミケーネ」の合計4店です。

JUMBOさんはミケーネの御書印のデザインを手がけました。

ミケーネの御書印、文字が記されていない状態のもの。地元色豊かなモチーフを、破綻なくまとめ上げたJUMBOのデザイン力の高さがよく表れている。

JUMBOは、秋田県の郷土玩具や民俗芸能のデザインに惹かれ、創作の参考にしていると話す。この作品は、人形道祖神と呼ばれる、村の境界や辻に祀られる神様を題材にした消しゴムハンコ。

JUMBO：「ミケーネ」の御書印は、羽後町の鳥と木である鶯と梅を花札のようにデザインしています。意外と、羽後町民でも町の鳥と木を知らない人が多いことを知り、今のデザインにしました。このデザインに興味や疑問を持った人が図案のネタを調べたり考えたりして、そこから地域を知ったり、新たな魅力を見つけてくれることを期待しています。

足を延ばして本を買いたくなる

——JUMBOさんは隣町の住民でありながらミケーネの常連で、雑誌や単行本をよく買っているそうですね。わざわざ遠くまで通うのは、なぜでしょうか。

JUMBO：私は、本は書店で買う派です。

私にとって、「ミケーネ」はただ本を買うだけではなくコミュニティの場としても、とても大事な場所です。店主さんや、たまたま居合わせた地域住民との雑談も楽しみの一つ。作品やアイデアについて遠慮無く意見をもらったり、雑談をする中でハンコの制作依頼を突然いただくこともあります。

――「ミケーネ」の御書印の依頼も、雑談がきっかけで生まれたそうですね。

JUMBO：そうです。店主さんと雑談をしている中で話が盛り上がって、私がお引き受けすることになりました。何気ない会話の中から仕事が生まれるのは、地方ならではだと思います。書店は文化の発信基地といわれますが、実際、「ミケーネ」はいつ行っても面白い人たちが集まっている。創作に刺激が得られるので、どうにかして存続してほしいと思っています。そして、こうしたユニークな書店は、他にもあると思うんですよ。

――JUMBOさんは書店のどういった点に引き付けられるのでしょうか。

JUMBO：さきほど話したコミュニティの場であることもそうですし、あとは、書店独特の匂いですね。本のインクの匂いだと思いますが、これはネットにはない実店舗ならではのものでしょう。五感で感じとれる魅力が失われていくのは、寂しいと思います。
――そうですよね。しかし、実際に本を手に取れる書店の減少は、秋田県全体の大きな問題になっています。
JUMBO：私が住んでいる横手市は秋田県でも第二の都市なのですが、やはり書店の消滅が問題になっています。「ミケーネ」の御書印を手掛けたことを機に、今後もいろいろな形で書店の仕事に携わり、力になっていきたいと考えています。

秋田犬や秋田蕗など、秋田ならではの文物をモチーフにした消しゴムハンコ作品。

ハンコも、書店同様に衰退産業と言われるが……

――消しゴムハンコの作家として活躍されていますが、志したきっかけはなんでしょうか。
JUMBO：実は、消しゴムハンコは遊び感覚で始めたんです。ところが、いつの間にか沼にハマってしまい、インストラクターの資格まで取ってしまいました。

――そこまでのめり込んでしまった消しゴムハンコの魅力は、どんなところにあるのでしょうか。

JUMBO：彫りから刷りまで一発勝負、そして運の要素があり、完成するまで結果がわからないところです。彫りを失敗したと思っても、刷ってみると案外良いかすれ具合だったり、インクの着き具合や、刷る際の力加減で表情が変わってきます。そういうところが、なんだか人生に似ているなぁと感じる時があります。

――書店と同様、ハンコも衰退していく産業と言われて久しいですよね。対して、趣味的な分野では、ハンコは根強い人気があります。官公庁の公的なハンコをなくすことには私も賛成なのですが、JUMBOさんが制作するようなハンコなら味わい深いです。

JUMBO：そうですね。デジタルの時代になっても、社寺仏閣の御朱印をはじめ、道の駅や観光地などにもハンコが溢れています。そして人は競うように蒐集をしています。流行り廃れがある中でずっと生き続けるハンコ文化は凄いですよね。御書印を集めてみると、これまで知

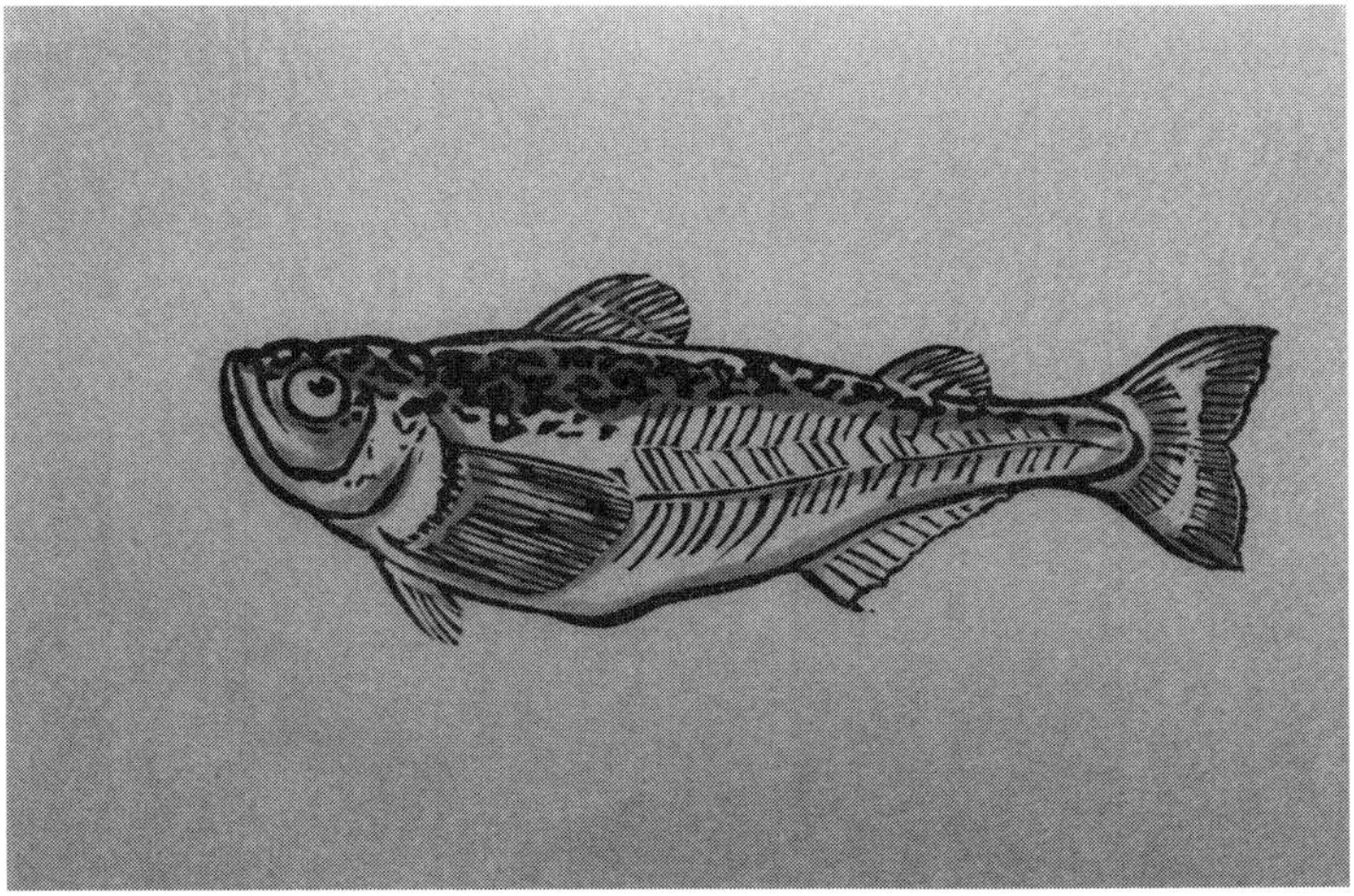

JUMBOが制作した、秋田県を象徴する魚、ハタハタを題材にした消しゴムハンコ。

らなかった地方の書店を知るきっかけになりますし、やはり、本を買って店主とコミュニケーションをとる楽しさもあると思います。

――御書印はそこでしか押せないものですから、実際に現地に足を延ばすきっかけになりますね。事実、地方の書店巡りを趣味にする人が増えたと聞いています。

JUMBO：「ミケーネ」はなかなか訪れるのが大変な場所にありますが、博識で人望のある店主さんの人柄に惹かれて、いつも誰かしら面白い人が集まっている書店でもあります。この場所を中心にいろいろな人との交流が生まれていけばいいなと思います。私がデザインした御書印が少しでも、その力になれればと願っています。

第二章　書店ルポ

書店員としての生き方

「文教堂横須賀MORE'S店」副店長井上昭夫
「面白い本をしっかりと届けたい」

「文教堂横須賀MORE'S店」にある井上昭夫さんがセレクトした書籍が並ぶ「イノウエしょてん」の棚。現在3面を使って井上さんが「面白い」と思った本が並んでいる。

さまざまな街からなくなりつつある書店。個人の書店だけではなく、商店が立ち並ぶ賑やかな駅前やショッピングモールの大型書店も例外ではない。そんな中でも書店の灯を守りぬき、毎日納品される多くの本のそれぞれに愛情を込め、大事に本を販売する書店員の姿がある。「文教堂横須賀MORE'S店」に勤務する井上昭夫さんは、まさにそんな書店員の一人だ。「イノウエしょてん」という、井上さんがセレクトした本が置かれるコーナーは、文芸、エッセイ、芸術、人文書など、幅広いラインナップで、常連さんたちが新たな本との出会いを楽しみにやってくる。今年で勤続30年を超えた井上さんに、書店員になったきっかけや醍醐味、本との向き合い方を聞いた。

31歳で書店員に

——井上さんが書店員になったきっかけを教えてください。

井上：前職はまったく別業界で、最初の就職先はソフトウェア会社でした。理系の専門学校に

書店勤続年数は30年を超える書店員の井上さん。数多くの「本当に面白い本」を世に送り出し多数販売してきた大ベテランだ。

通っていたんですけれど、当時は試験もなくて、どこでも就職できましたね。いま61歳ですから、バブルの時代よりもっと前です。入社半年ほどで別会社に派遣されたんですが、残業がとにかく多くて。体調も悪くなったこともあり、転職したんですが、転職先ではプラスチック成型の会社で、部品を調達する部門で様々に試行錯誤しながら、ものづくりに携わったのですが、多忙を極めた毎日でした。

——書店の世界に入られたきっかけは？

井上：たまたま新聞を開いたら、書店員の求人が載っていたんです。いまここは文教堂ですが、当時は平坂書房という横須賀の地元の本屋さんだったんです。平坂書房は閉店してしまいましたが、文教堂さんがお店をそっくりそのまま引き取ってくれて。30歳の頃だから、ちょうど30年ぐらい書店員をやっていますね。

――求人に惹かれたのも、やはり本がお好きだったからですか?

井上：好きでしたね。作家ものを中心に読んでいました。自分がへそ曲がりだったからだと思うんですけど、若いときって、同世代の人たちが読んでいるようなものじゃなくて、他人と違うものを読みたくなる。思想や哲学も無理して読んでいましたよ。吉本隆明、蓮實重彦の映画論とか。音楽は坂本龍一をはじめ、ジャズやクラシックもよく聴いていました。とにかく、音楽と映画と本は、今でも大好きです。

――当時からカルチャー全般がお好きだったんですね。井上さんがセレクトした本が並ぶ「イノウエしょてん」のコーナーを見ても蓮實さんの映画論からの影響が大きいようですね。

井上：蓮實さんが褒めるような作品を観るようになってから、映画の見方がちょっとずつ変わっていきました。観る側じゃなくて、撮る側の目線なんですよね。小津安二郎監督の『晩春』なんか、最初は眠くて仕方なかったんですけど、何回も観ていたら、ものすごく面白くて。こんな独特なカメラの位置と、テンポと、いったいどうやってつくったんだろう、とんでもない監督がいたんだなって。そうしたら、蓮實さんが小津監督のことを書かれていた。

――本で答え合わせをしていきながら学んでいったのですね。

井上：「イノウエしょてん」をやらせてもらっているのも、本を入口として、映画、芸術、音楽……いろんな面白いものがあることをお客様に知ってもらいたいんです。特にいまの時代は、オンラインで本を買うにしても、電子書籍でも、自分の好きな作家やジャンルに、どうしても固まってしまうじゃないですか。

――はい、実感としてあります。

井上：リアル書店の強みって、「知らないものに出合えること」だと思うんです。「なんか、井上ってやつが褒めているみたいだけど、本当にそうなのか」って。で、ちょっとでも読んでくれて、「結構面白かったたな」「次はこれ買ってみようかな」と思ってくれたらいいかなって思ってやっています。

――井上さんにアドバイスをもらいに来る常連さんも、結構いらっしゃるんですか？

井上：一番嬉しかったのは、ある女性の方に「『イノウエしょてん』の井上さんですか？」って声をかけていただいたときに「私ね、人がおすすめする本を一切読まない。でも、たまたま『イノウエしょてん』に置いてある本を読んだら、すっごい面白かったです」「それからファンになりました」って。もうめちゃめちゃ嬉しかったですよ。

――ちなみに、どんな本だったんですか？

井上：『エアー2.0』（著：榎本憲男、発刊：小学館文庫）です。僕自身も、50歳ごろになって、偶然手に取った本。作家さんの名前も知らないし、タイトルも全然知らない。表紙を見ても内容の想像もつかない。で、あらすじを読んでも今ひとつピンとこない、しかし本編を読み始めたら、めっちゃくちゃ面白くて。ところが発注をかけようとしたら、パソコンの注文画面上では品切れになっていた。ダメ元で版元に電話したら、100冊くらいはあるっていうので、このまま流通に乗らないくらいなら、自分が品切れにしてやろうと思って「全部ください」ってお願いしたんです。そうしたら、うちの店舗だけで全部はけちゃったんですよ。

――ええ！　それはすごいですね。

井上：そしたら小学館さんが、「お店用に特別に300冊増刷します」と言ってくれて。「嘘でしょ⁉」「いや、やります」と。それからさらに火がついて、うちだけで1200冊くらい売れました。とにかくそれくらい面白いんですよ、この本は。

――『エアー2.0』はいったい、どんな内容なんですか……？

井上：もうね、「読んだことない物語」です。あ、これはPOPにも書きました。「これ面白いよ」って薦めると、「どんな話なの？」って大体の人は聞くじゃないですか。『エアー2.0』は、説明できないんですよ。とにかく読んでみてください、と言うしかない。

最初の1冊が売れると、めちゃくちゃ嬉しい

――本好きな人はもちろん、本をあまり読んでいない人の入門としても読んでほしい一冊となりそうですね。「イノウエしょてん」の本棚を見ると、作家ものに限らず、幅広い本が置かれていますが、選書のポイントは？

井上：普段、自分が選ばないようなジャンルの本があればいいなと思って選んでいます。建築

「イノウエしょてん」はジャンルは問わない。本当に面白いと思った本だけが並び、今まで知らなかった本に出合える貴重な場として地元のファンに重宝されている。

家の安藤忠雄さんが「光の教会」を建てたときのノンフィクション『光の教会 安藤忠雄の現場』（平松剛・著、建築資料研究社・刊）とか、めちゃめちゃ面白いですよ。この建築にどんな人たちの想いが詰まってできたかっていうことが書いてあるのですが、この一冊を通して、建築に興味が出てきちゃう人もいる。そうなると、違う世界も見えてくる。ちょっとでもそうなればいいなと思って、ずっと置いていますね。

——ところで、「イノウエしょてん」はいつ頃、はじめたんですか？

井上：意外と最近で、3～4年前です。それまでは、小さなテーブルに1点100冊ぐらいを積んで「井上おすすめ」みたいにやっていました。そしたら、あるときエリアマネージャーの方が「全部まとめて井上書店でやっちゃいなよ」って言ってくれたんです。「売れなくてもいいから、こういう本もあるんだね、他で見たことないな、という本をお客さんに知ってもらうだけでもいいじゃない」って言ってくれて。これは売るしかねえな、と（笑）。

――そんなエピソードがあったんですね。

井上：販促の仕掛け自体は、入社1～2年目くらいからやり始めていましたね。面白い本を、お客さんにすすめたい。それでPOPを自分で描いたり。でね、そんなおすすめの本が1冊売れると、本当に嬉しいんですよ。もう今まで、何十年、何千冊と売ってきましたけど、いまでも、新しい本にPOPを付けて、ドキドキしながら毎日気にして、最初の1冊が売れると本当にめちゃくちゃ嬉しいですよ。この気持ちはずっと変わらないですね。

――いいお話ですね。やっぱり書店員さんの思いが伝わってくるのが、リアル書店の良さだと、あらためて感じます。

井上：もうね、それしかないじゃないですか。だからこそ、選ぶときはすごく吟味します。

お客様にちょっとでも、面白くないなって思われちゃったらダメですから。取次さんから入ってくる書籍をただ置いておくだけだと、どうしてもこう……なんていうか、むらむらっとしてきちゃうんですね。だから、「イノウエしょてん」には、どんな年代の人が読んでも面白いと思える本を置くようにしています。自分は還暦を過ぎた人間なので、ある程度いろんなものを読んできた。若い人にこそ、パーっとわかりやすく読めるものも良いですけれど、ちょっと背伸びしてもいいから、じっくり読みたいと思える本に出合ってもらいたいですね。本を読んで難しいって最初は思っても、いろんな経験をしていくと、だんだんとわかってくることってあるんですよね。そうなると本当にその本の面白さがわかる時がくる。そんな経験は本を読んでいて本当に楽しい経験になるんですよね。

POPの文章はできるだけ短く

――30年前に比べて、いまは本以外のコンテンツやメディアも増えている中で、井上さんはどのような変化を感じていますか？

井上：いいものを生み出す、いいものを長く売る、そんなことが大切かなと思います。たとえば、鮮魚店の場合は、今日のカツオは新鮮で美味いよ！とか、青果店の場合は、今日のキャ

ポップはできるだけ短くするのが井上さんの流儀。「熱い想いを長く書いても伝わりづらい」と話す。井上さんは本のイベントも行い、読書の魅力を伝える活動もしている。

ベツは最高にいいよ！みたいな感じです。あそこの本屋には面白いものがあるよって言ってもらいたいな、というのは常に思っていますね。

――なるほど。書店員は、いいものを選んで届ける目利きである、と。

井上：目利きって言われることもあるんですけど、そういうのは、あんまりわからなくて。ただ「面白い」って思っているだけなんですね。だから「イノウエしょてん」には、いままで自分が生きてきた中で、一番か二番くらいに面白いよ、みたいな本だけを並べたいなと思っています。実は、本の面白さはいくら熱を込めて長い文章でＰＯＰに書いても、お客様には伝わらなかったりする。だから僕は、

ＰＯＰの文章は短くしています。せっかく大勢の人が関わって、作られた一冊の本。表紙も、帯も、いろんな人が、ああだね、こうだね、って考えているわけだから、できれば面出しにしてあげて置いてあげたい。お客様には、ここにある本は面白いんだって思ってもらえればいい。究極的には、ＰＯＰなんかいらない。そういう領域に行きたいなって。

――すごい……。

井上：新商品が入って「イノウエしょてん」に置いたとき、「ＮＥＷ」って書くんです。ＰＯＰがまだできてないから、ちょっと時間稼ぎで（笑）。でもね、それが売れたりするんですよ。究極的にはそんなふうになってくれると本当に嬉しいし、あとでお客様から「面白かったよ」って言われると、もうね、泣きそうになりますよ。そんな究極を目指して、やれるだけ続けたいですね。

――ＡＩが隆盛の時代となって、おすすめの作品なども紹介してくれるようになりました。書店員の真価もますます問われています。

井上：昔、ＡＩと書店員とで対決しようという企画があったんです。ＡＩが選んだ本、僕が選んだ本、１カ月の売れ行きを見て、どっちが勝つかという内容で。その時は、ダントツで、勝ちました（笑）。だいぶ昔の話で、データも不十分だった影響もあるでしょうから、いまは負かされちゃうかもしれないけど。そういうのも含めて、書店員というのは人との商売なので、書店員が面白いって思えるものを売っていくことは必要だと思いますね。

――やっぱり日々、データはチェックされていますか？

井上：よく見ますよ。大好きですね。一目見れば、全部わかりますから。でも、この店でどんなことをやっているとか、どんなフェアをやって月に何百冊売れましたとか、今後はそういう部分まで共有できるようになるといいですね。そうした情報は、あればあるほど書店にとっては有益な情報なので。でも、データに頼るところは頼った方がいいけど、人間を疎かにするとお店はやっていけなくなってしまう。

――データを重視されているばかりでは、『エアー２．０』の大ヒットは生まれなかったと強く感じます。

井上：文教堂本部の方も、「売り場の創出」ってよく言うんです。本当にそうで、売り場は書店員が自分たちで作っていかないといけない。「何か面白いものないですか?」って、たまにお客様に聞かれるんですよ。「面白いものあるんですけど、どんなのが好みですか?」って、いろいろ話を聞いていく中で、「じゃあ、ちょっとこれ読んでみるわ」って買ってくれるんですよね。そうした会話ができるのもやっぱりリアル書店の醍醐味ですよね。

――鮮魚店や青果店みたいに「今日、いいの入ってますか?」というやりとり。

井上:そんな本屋さんって、まだまだ少ないんじゃないですかね。「今日のおすすめ、これだから!」って。そういう気持ちでやったほうがいいんじゃないですかね。こっちからも、面白いからおすすめする。お客様が買われて、面白かったって言ってくれる。お互いにとって、嬉しい関係ができることが理想です。

――最近では、大学で書店を始めたい学生に向けた授業があったり、独立して書店を始めたいという方もたくさんいらっしゃいます。これから書店をはじめたい方に何かアドバイスがあれば教えてください。

井上:これは僕の夢なんですけどね、「イノウエしょてん」みたいな小さなスペースで、5〜

6人で書店をやるんです。総合書店じゃないから、それぞれがいいと思う本だけを置く。新刊が入ってるわけじゃない。営業は、朝9時から夕方5時。土日は休み、昼の12時から1時まではお昼休みでいったん閉店。そして、営業が終わったらみんなで呑みに行く。

——最高ですね（笑）。

井上：それが実際にできたとすれば、楽しいんじゃないですかね。だってやっている方がまず面白いじゃないですか。「今日1冊しか売れなかったけど、ああ、1冊売れてよかったね」とかね。まあ、実際やるのは大変でしょうから、夢ですけどね。いつかそんな本屋がやれたらいいですね（笑）。

書店と街の関係

沼津駅　アニメの聖地の力と個性派書店

日本屈指のアニメの聖地、沼津

アニメ『ラブライブ！サンシャイン‼』の舞台になった静岡県沼津市は、日本各地にあるアニメの聖地ではもっとも知名度が高く、成功を収めている都市と言っていいだろう。筆者はアニメの聖地を相当訪問しているのだが、沼津はとにかくいつ行ってもファンの姿が目に付く。沼津の人口は約18万3０００人、東京から新幹線と在来線を乗り継いで1時間ほどで到着する。首都圏から近い地方都市の一例として、沼津の書店事情を見てみよう。

沼津の最大の特徴として、アニメに対する行政や地元企業の理解が深いことが挙げられる。例えば、沼津市長の頼重秀一氏はアニメのイベントに多数出席してファンからも認知度が高いし、「つじ写真館」の峯知美氏のような町おこしのキーパーソンとなる人もいる。その影響もあってか、市内のいたるところにキャラのイラストを見ることができ、聖地を巡る醍醐味が感

『ラブライブ！サンシャイン!!』の聖地として名高い沼津駅。駅の壁面には巨大な「イラストが掲示されている。数あるアニメの聖地ではイベントも継続して行われ、何かと話題が多い。行政の理解も大きく、アニメのまちおこしがもっとも成功している例といえるだろう。

沼津駅ではJR東海も『ラブライブ！サンシャイン!!』にちなんだ数々のキャンペーンを行っている。

じられるのだ。

アニメ終了後も新規の話題が尽きない。イベントが定期的に開催され、ご当地のグッズが続々と登場している。声優が沼津を訪れる機会も多いし、キャラクターの誕生日となれば、地元民が自発的に開催するイベントが開催されている。キャラが地域住民の一員になるほど溶け込んでいる聖地は、極めて珍しいといえるだろう。

聖地だった書店閉店の衝撃

そんな沼津も、他の地方都市同様に、人口減少と中心市街地の空洞化に悩まされている。書店の閉店も相次ぐ。2023年には学園通りにあった「TSUTAYA沼津学園通り店」が閉店してしまった。そして、2022年に駅前のシンボルだった大型書店の「マルサン書店仲見世店」が閉店したのは、衝撃的な出来事であった。

「マルサン書店仲見世店」は『ラブライブ!サンシャイン!!』に登場する本好きの女の子、国木田花丸がよく通う書店という設定であり、作中にも登場した重要な聖地の一つであった。そして、地元民にとっても沼津駅前のシンボルと言える書店であったと、沼津出身・在住の江本典隆氏はこう語る。

「『マルサン書店』は子どもの頃から通っていて、仲見世商店街のシンボリックな存在でした

JR沼津駅の駅ビル、アントレには「くまざわ書店沼津店」があり、『ラブライブ！サンシャイン!!』の関連書籍のコーナーもある。

JR沼津駅前にある仲見世商店街のシンボルだった「マルサン書店仲見世店」は、コロナ騒動の最中に閉店になった。現在は移住相談などを受け付けるスペースがある。

から、閉店が決まった時は本当に驚きました。まさか、なくなるなんて夢にも思っていませんでしたから。今では沼津市内の大型書店といえば、ららぽーと沼津の中にある『谷島屋』と、沼津駅の『くまざわ書店』、そして沼津駅北の『マルサン書店駅北店』しかない。特に、沼津駅の南側には、事実上書店がゼロになってしまったのです」

もちろんファンにとっても、衝撃は計り知れないものがあった。「聖地で買う『ラブライブ！』の本は特別感があった」と語るのは、熱心な『ラブライブ！サンシャイン‼』ファンで、好きが高じて沼津に移住したあっぷるπ氏である。「マルサン書店」の思い出をこう振り返る。

「何しろ、『マルサン書店』はアニメで出てきましたから、特別な付加価値がある本屋です。『ラブライブ！』の本だけでなく、パネルもあって、ラブライバーにとってはこんな本屋が欲しかったという夢のような空間。そもそも、仲見世商店街はカフェ、雑貨屋、スーツの店などもあって、歩いているだけで楽しい場所なんですよ。そのなかでも、『マルサン書店』は重要なピースであり、聖地巡りの際でも優先度が高い名所でした」

ファンの想いにいかに応えるか

筆者が沼津を訪れるラブライバーに話を聞いていると、まるで沼津を第二の故郷のように感じている人が少なくないのが印象的である。「つじ写真館」の峯氏が話していたことであるが、

「アニメイト沼津店」には『ラブライブ！サンシャイン!!』の商品が多数並ぶ。

『ラブライブ！サンシャイン!!』の事実上のグッズ専門店のような趣がある「ゲーマーズ沼津店」。キャラクターの津島善子が看板娘となっている。

沼津は『ラブライブ！サンシャイン!!』のキャラをあしらったラッピングタクシーやバスがいたるところで走っている。

沼津の町おこしを盛り上げている「つじ写真館」の黒板アート。ファンを楽しませようと地元の人たちも一緒に楽しんでいるのが沼津の魅力。

東京でも購入できるものをわざわざ沼津で買い求める人がたくさんいるのだという。沼津を何度も訪れている、千葉県在住の藤井幸太氏はこう話す。

「『マルサン書店』が仲見世商店街にあった時は、沼津へお金を落とすという名目でそこで購入していましたし、現在でも沼津に行った際は現地の『ゲーマーズ』や『アニメイト』で買い物をするようにしています。沼津の飲食店などで積極的に食事をするのは、ラブライバーの鉄板ですね。ところで、本に関することでは、去年発売された画集『Find Our 沼津～Aqoursのいる風景～』の印刷と製本が沼津にある図書印刷の工場で行われたことが記憶に新しいですね。本を通じて地元へ還元がされていくのは素晴らしいことと思います」

アニメを使った町おこしが成功するかどうかは、あっぷるπ氏のような移住者、そして藤井氏のように何度も通い続けるファンの想いに、地元がどう応えるかにかかっていると言っても過言ではないだろう。そして、話を聞いていると、アニメファンにとっては書店の重要度は非常に高いこともわかる。おそらく、アニメファンが雑誌や本につぎ込む金額は、かなり大きいはずである。店主の裁量で関連書籍をいくらでも揃えることができ、町おこしを盛り上げることができるわけで、アニメの聖地には書店が必須と言っていいのではないだろうか。

沼津市内にオープンした「リバーブックス」。古民家を使った外装も非常に味わいがある。空き家は増加傾向にあるが、その活用策として、個人経営の小規模書店はかなり魅力的なアイディアかもしれない。なお、店では近所で醸造しているクラフトビールや富士市のほうじ茶が飲める。「沼津はクラフトビールの醸造が盛ん。ビールを書店で出したら面白いと思い、トントン拍子で実施が決まった」と、江本氏。ビールサーバーは、市内の閉店した居酒屋から譲ってもらったそうである。

こだわりの書店が沼津にオープン

沼津では、沼津駅の南側に書店ゼロという時期が1年以上続いたが、2023年に「リバーブックス」がオープンした。戦後間もない頃に建てられた、築70年と推定される古民家を再生した小規模な書店である。実は、既出の江本典隆氏が、この店のオーナーなのである。

江本氏は、旅行系出版社で長年に渡って書籍の編集や書店営業を行ったベテラン。もともとアニメに造詣が深かったわけではないというが、『ラブライブ！サンシャイン!!』は地元が舞台という縁もあり、「仕事に使えるのではないか」という若干不純な動機で視聴を始めたところ、ドはまりしたという。

その後、『るるぶ　ラブライブ！サンシャ

「リバーブックス」で本が並んでいるのは、前出の「マルサン書店」で使われていた本棚である。

店内にはミニギャラリーもある。元の壁はボロボロだったが、江本氏がDIYを行って修復した。

選書にも江本氏のセンスが感じられる。本との出合いを求めて、今日も全国からお客さんがやってくる。

イン‼』の制作に携わることになり、江本氏のXは地元からの情報発信ということで、ファンの間からも評判になった。そして、一念発起して今年の3月31日で退職。書店経営者として新たな一歩を踏み出した。

「本を選ぶこと自体が楽しい小規模な書店が増えていることもあって、そういう店をやりたいと思った。大きな書店はもはや沼津ではビジネスとして成り立たないかもしれませんが、小規模な本屋なら成り立つのではないかと考えていたら、たまたま空き店舗利活用の公募でこの空き家がテーマになっていたんです。公募締切の前日に沼津駅前の地下道で見つけて、急いで企画書を書き上げて応募したら、最優秀賞に選んでいただきました。こうして開店にこぎつけたのです」

店内は非常にコンパクトである。地元の縁

で譲り受けたという「マルサン書店」の棚に、建築、美術など、ニッチながら興味がそそられる本が並ぶ。ちなみに、最近の売れ筋は点滅社の『鬱の本』だという。江本氏はラブライバーでもあるが、敢えて、『ラブライブ！』の本は大量には置いていない。『ラブライブ！』の本は「アニメイト」や「ゲーマーズ」で、ベストセラーは駅の「くまざわ書店」と、明確に棲み分けを考えたそうだ。既存の店と共存共栄の関係を築こうとする、江本氏の心配りがわかる。

3つの書店の開店で点が面になった

こうした、店主の選書が光るこだわりの書店が近隣に開店する動きがみられるという。２０２３年、隣町の三島に「ヨット」と「ジンジャーブックス」の2店が相次いでオープンした。さすがの江本氏もライバル出現に若干焦ったのではと思いきや、「やっていることが被ったと思ったんですが、店の選書が面白いくらいに被らなかった。小規模書店でも、店主の個性や選書で明確に棲み分けができています」と話す。

江本氏によると、この地域に3店があることで新たな相乗効果も生まれたのだという。

「こういった小規模な書店巡りを趣味にしているお客さんが、来店されるんですよ。しかも、3店があるので集積の力が生まれ、点が面になったため、この地域が書店好きにとって旅の目的地になったのです。欲しい本はＡｍａｚｏｎで買えるわけですから、店主の選書を楽しみに来店される方ばかり。まさに、書店を訪れることや、書店で本を買うことを楽しんでくださるわけですよね」

書店で面白そうな本と出合う楽しみを求める――これが本来の書店の姿だったのだと、胸が熱くなったと語る江本氏。最近本を読んでないなという人や、ビールやほうじ茶だけの利用、も歓迎という。こうした手軽さと気楽さが、小規模書店の魅力となっている。書店が一店もない市町村が増えている中、今後、地方の書店業界を救うのはこういった書店に希望を見出す店主たちなのかもしれない。

京都　書店からアニメショップへの変貌

3月1日、京都駅八条口近くの商業施設「京都アバンティ」に「アニメイトアバンティ京都」がリニューアルオープンした。2011年のオープン以来、13年目を迎える同店は、売り場面積の拡大によって日本最大級のアニメ専門店となった。筆者はまだ訪問していないが、京都在住の友人によると、京都のアニメファンはもちろん、京都を訪れるインバウンドなどの人気を集めており、連日大盛況とのことである。

さらに、同店には展示会専門スペース「Space Galleria KYOTO」も併設。公式サイトによれば、アニメ、コミックス、小説、ゲーム、演劇、アーティストなど、あらゆるジャンルの作品世界を表現する展示会専門のスペースになるとのことだ。オープンに合わせて、2023年に連載開始20周年を迎えた漫画『DEATH NOTE』の原画展「DEATH NOTE EXHIBITION」を開催。今後もこうした企画展を次々に開催していくようだ。

京都ではアニメに関連するショップのオープンが続いている。2023年だけで、東海道新

2023年に京都駅にオープンした、京都アニメーションのグッズ専門店「京都駅 ASTY京都 京アニグッズストア」。1月8日までの営業の予定だったが、好評のため8月31日まで営業期間が延長された。

幹線の京都駅ビル内には京都アニメーション（以下、京アニ）のグッズ専門店「京都駅ASTY京都 京アニグッズストア」が開店した。2023年8月4日より、京アニのアニメ作品『響け！ユーフォニアム』シリーズの4年ぶりの最新作となる劇場版作品『特別編響け！ユーフォニアム～アンサンブルコンテスト～』が公開されたことを受けて、期間限定での営業となる。

前出の『響け！ユーフォニアム』のほか、『涼宮ハルヒの憂鬱』『けいおん！』『ヴァイオレット・エヴァーガーデン』など、名作揃いの21作品のグッズが揃う。東海道新幹線を運営するJR東海は近年、鉄道とアニメを絡めた企画を数々手掛けている。沼津駅では、『ラブライブ！サンシャイン!!』とのコラボキャンペーンが大きな話題になっている。失礼を承知で言えば、同社は真面目な会社というイメージが強く、アニメコラボはかなり社風と異なる気がしてしまうが、クオリティの高さがアニメファンからの熱い支持を集めている。

髙島屋に「まんだらけ」ができた衝撃

昨年、アニメファンはもとより京都府民を驚かせたニュースと言えば、京都髙島屋S.C.に「まんだらけ京都店」がオープンしたことだろう。「まんだらけ」は言うまでもなく、東京の中野ブロードウェイに拠点をおく日本屈指の中古書店であり、中野をサブカルの町に変貌させた立役者と言える。そんなまんだらけが、京都の、しかも髙島屋にできるという、あまりに異色すぎる組み合わせが話題となった。

赤い鳥居が並ぶ店内は伏見稲荷大社を思わせる造りだが、同時に中野にある「まんだらけ変や」を思い起こさせるインテリアでもある。店内にはヴィンテージ漫画雑誌からソフビ・超合金などのおもちゃ、そして漫画家のサイン色紙までかなり多種多様な品物が陳列されており、密度はまんだらけの店舗の中でもかなり濃いと感じた。国内のファンはもちろんだが、インバウンドの集客も見込んでいると思われる。

特に、京都はインバウンド需要が大幅に回復しており、記者が訪問した際も、京アニグッズストアもまんだらけ京都店も外国人の姿が目立っていた。京都は2024年、日本屈指のアニ

京都髙島屋S.C.専門店ゾーンにオープンした「まんだらけ京都店」。鳥居が並ぶ光景は日本らしさや京都らしさを意識したものだろう。

中野ブロードウェイではなく、ここは京都である。

廃校になった小学校を利用した「京都国際マンガミュージアム」でも、原画展など数々の展示会が開催される。写真は漫画家・おおひなたごうの個展のポスター。

メショップが集まるアニメファンの聖地になりそうな勢いである。京都府内には京アニ作品の聖地が宇治市をはじめ各地にあり、今年は『響け！ユーフォニアム』の新作アニメも放送開始されるとあって、聖地巡礼に訪れる観光客も増加しそうだ。

また、京都には「京都国際マンガミュージアム」があり、京都精華大学のような日本唯一のマンガ学部をもつ大学もある。京都は古都のイメージゆえどこか保守的な雰囲気があるが、明治時代には積極的に西洋の文化を取り入れたり（三条通りには赤レンガの洋風建築が建ち並んでいる）、日本初の市電を開通させたりするなど、進取の精神を有する都市なのだ。何より、高台寺には日本最古のアニメといわれる「鳥獣人物戯画」もあるではないか。こうした歴史的背景もあり、漫画やアニメの文化ともっとも親和性が高い地域なのかもしれない。

アニメショップが絶好調な理由

都心から地方まで、書店の閉店のニュースが相次いでいる。その一方で活況を呈しているのが、アニメ専門店である。コロナ禍で人々が動画配信サイトでアニメを視聴する機会が増えたことや、近年の推し活ブームなどによって、大人もアニメ好きを堂々と公言しやすくなったといわれる。

アニメショップの最大手「アニメイト」の業績は絶好調であり、2023年には池袋に基幹店「アニメイト池袋本店」をリニューアルオープンさせた。国内外のアニメファンで連日凄まじいまでのにぎわいをみせ、もはや池袋の観光スポットになっている印象だ。地方でも郊外のショッピングモールにアニメイトがオープンする例が増えており、同社の業績は絶好調といえる。

既存の大型書店がアニメや漫画関連のフロアを大幅に増やして、リニューアルされる例も見られる。現在休業している東京・渋谷の「TSUTAYA」旗艦店は、音楽のほか、アニメが楽しめる体験機会を重視した造りにリニューアルされた。スクランブル交差点に面した象徴的な店舗は、地下2階～地上1階にアニメや音楽の期間限定ショップやイベントを展開できるスペー

平等院などの最寄り駅である京阪宇治駅には、京アニの『響け！ユーフォニアム』のキャラを描いた看板を掲示する。作中には駅舎をはじめ宇治の風景が多数登場。

宇治は紫式部ゆかりの地ということで、キャラが十二単の衣装をまとっている。

スを設けている。まさかファッションの聖地である渋谷でアニメを大きく扱うようになるとは驚きである。20年ほど前まではシブヤ系、アキバ系のような言葉で両者は明確に区別されていたはずなのだが。時代の変化を感じずにはいられない。

アニメファンのカジュアル化、そしてグローバル化によって、今後もアニメショップのオープンは続きそうである。そして、アニメや漫画の書籍を扱う既存の大型書店は、より専門性に特化したアニメショップとどう棲み分けていくか、経営手腕が試されるといえよう。

福井駅　北陸新幹線が開業の影響

２０２４年は福井県にとって歴史的な1年と言っていいだろう。３月16日、北陸新幹線の金沢駅〜敦賀駅間が開業し、東京と福井が一本の列車で行き来できるようになったのだ。中間駅にあたる福井駅は福井県の県庁所在地・福井市にある代表駅である。筆者は、新幹線開業に向け、駅の整備が急ピッチで進んでいた頃に訪問した。駅構内では土産店などが入る商業エリアの工事が進み、新幹線開業に合わせて、駅の風景が大きく様変わりしようとしているのがよく分かった。

福井駅前では地上27階と28階の２つの高層ビルを備えた「FUKUMACHI BLOCK（ふくまちぶろっく）」が建設中だった。こちらは年内の開業予定で、ホテルやオフィス、マンションなどからなる大型複合施設が誕生するという。福井の玄関口にふさわしく、観光名所の東尋坊をイメージしたデザインが施されるそうだ。新幹線開業が地方に与える影響と、地元の人々の期待の大きさを感じさせてくれる。

2024年3月16日に北陸新幹線が開業したJR福井駅。北口が町の中心である。南口はホテルが数軒建つが、閑散としている印象だ。

そんな福井駅周辺だが、2024年現在、新刊書店が非常に少ない。ネットニュースを追ってみると、2016年には福井大学など学校が集中するエリアにあった「ホリタ書店」が閉店、2020年8月には駅前を代表する老舗書店で約20万冊の在庫を誇った「勝木書店福井駅前本店」が再開発のため閉店してしまっている。

「勝木書店福井駅前本店」は1959年の開店であり、5階建てのビルの1~3階が書店で駅前のランドマークとなっていたため、閉店を惜しむ声は市民からも聞かれた。筆者も訪問したことがあるのだが、福井の観光関連の本や郷土資料をまとめた書籍なども充実していて、観光客目線で見てもありがたかった。駅前の老舗書店はこうした本を取り揃え、一種の観光案内所のような役割を担っていたことがわかる。

「紀伊國屋書店」のほか、店主の個性が光る書店も

現在、JR福井駅前最大の書店は、西武福井店の7階にある「紀伊國屋書店福井店」である。筆者が訪れたのは休日と平日だが、学生から親子、そして西武で買い物を終えた高齢者など、比較的幅広い層が来店しているようだ。受験シーズンなのか、それとも定期テストの学生なのか、参考書を買い求めている学生もいた。地方のローカル線なども学生のニーズによって支えられている事例が多いが、書店も学生によって支えられている一面はあるのだろう。

西武の近くには「アニメイト福井」があるが、こちらは店内も明るく、漫画やアニメ関連の書籍が充実していてなかなか活気がある。『アニメイト』は地方のオタクの社会インフラ」と話す人に会ったことがあるが、本当にそうなのだろう。この書展ルポでは「アニメイト」がたびたび登場する。それは筆者が常連だからというのではなく、書店が相次いで閉店し、漫画を買えなくなった問題を、地方都市の「アニメイト」が解決しているパターンが少なくないためである。ポイントも付くうえ、予約すればマニアックな本でも確実に入手できるとあって、重宝する人は多いようだ。

そんな福井駅周辺で一際個性を放つのは「わおん書房」である。営業時間は12～18時、さら

西武福井店は福井駅前唯一の百貨店である。7階に「紀伊國屋書店福井店」があり、駅前唯一の大型書店となっている。

「アニメイト福井」は学生も多く訪れ、活気がある。同じビルには映画館も入っている。

に火曜と水曜が休みと、若干来店のハードルは上がってしまうのだが、児童書や芸術関連の書籍を中心に、店主が選んだ本が並ぶ小規模かつ個性的な書店である。店の奥には喫茶スペースもあって居心地も良く、店主の本への熱意が伝わってくる。

地方都市において、こうした店主のカラーが色濃く出た書店がオープンする例が増えている。「わおん書房」は2019年にオープンした新しい書店だ。他にも、福井県内では大野市にある「HOSHIDO」が本好きによく知られる存在だ（筆者はまだ訪問したことがないので、ぜひ行ってみたい）。今後、こうした小規模の書店は、地方都市に増えていくのかもしれない。

鯖江に北陸新幹線開業の恩恵はあるか

北陸新幹線の金沢駅～敦賀駅間の中間駅には、有名な温泉地への玄関口となる加賀温泉駅や芦原温泉駅、地域の中心駅である福井駅や敦賀駅などが含まれている。小松駅や福井駅など新幹線駅が設置する駅は利便性が高まる一方で、開業の負の部分に直面してしまう駅もあることを忘れてはならない。

かつてJR北陸本線は鉄道ファンの間では〝特急街道〟と呼ばれるほど特急列車が行き交っていた。名古屋や大阪・京都方面から1時間に2～3本の特急がやってくる駅もある。ところが、新幹線開業とともに、金沢駅～敦賀駅間は第三セクターのIRいしかわ鉄道とハピライン

福井はライトノベル『千歳くんはラムネ瓶のなか』の聖地でもある。作者の裕夢は福井県出身。

ふくいに移管された。すると、一部の駅では移管とともに特急がなくなってしまった。

その代表格が、鯖江駅、武生駅などである。これらの駅は、金沢から名古屋、京都、大阪へ乗り換えなしで直通できていたが、3月16日からはそれができなくなった。利便性の急激な低下である。新幹線の開業後に特急が消滅し、新幹線の停車駅にもならなかった駅では、鹿児島県の阿久根駅や長野県の小諸駅などが有名である。同様のケースは全国にあるが、いずれも駅前は衰退しており、発展した例は一例もないのではないかと推測される。

こうした例を見ると、鯖江駅、そして隣の武生駅の将来が不安になってしまうのは筆者だけだろうか。

駅前に残る老舗書店2店

前置きがだいぶ長くなったが、今回は書店の実態調査を兼ねて鯖江駅を訪問した（訪問したのは北陸新幹線の開業前である）。鯖江といえば国産の眼鏡フレームの9割以上を生産する〝日本一の眼鏡の町〟として有名で、駅前にはフレームをかたどったモニュメントもある。まさに、唯一無二の産業を抱える町といえる。ちなみに、記者が愛用する眼鏡のうち5個は鯖江産であり、日頃からお世話になっているのだ。

駅から中心街へと歩いていくと、巨大な伽藍を構えた寺院がいくつも見られる。しかも、鐘楼や山門の彫刻が精緻で凄まじい。職人の町として栄えた鯖江は、それだけ富を有する人も多く、栄華を誇っていたのであろう。ところが、近年は安価な外国産の流入によって鯖江の産業も深刻なダメージを受け、後継者不足に悩まされていると聞く。そうした背景があるのか、中心街にはシャッターを閉めた店ばかりが目に付いてしまう。

鯖江の市街地に残る書店は、「藤田書店」と「富士書店」の2店である。そのうち藤田書店はコアロード・コマチ（古町）というアーケード街にある老舗である。店内には書店のコーナーのほかに文房具や雑貨を販売するスペースも併設され、少々のお菓子も販売されている。かつて地方都市には、こうした書店と文具店が合体した小売店が多かった。平日の昼、商店街にシャッターを下ろした店が目立つ中、営業を続けている「藤田書店」の存在が頼もしく思えて

鯖江駅中心街にある老舗書店のひとつ「藤田書店」。教科書や事務機器を取り扱う旨を記したレトロな看板は、どこの地方都市にも必ずあった地域一番の老舗書店の風格が感じられる。

雑誌がラックに陳列された「藤田書店」の様子。

「富士書店」は、「藤田書店」の半分規模の大きさの書店。「週刊現代」の看板が懐かしい。「週刊文春」など同様の看板も、かつてはどこでも見られたもの。

しまった。

店内には定番の雑誌から売れ筋の漫画まで、新刊が充実していた。『【推しの子】』も平積みにこそなっていないものの、店頭に全巻が2セット分揃っていたし、『葬送のフリーレン』なども最新刊がしっかり入荷している。地方の書店によっては売れ筋の単行本ほど取次の都合で店頭に並びにくい傾向があるが、「藤田書店」は盤石のようだ。ただ、中小規模の出版社が出す漫画は、もともとの印刷部数の少なさゆえか、入荷が少ないように見受けられた。

「富士書店」はアーケードから少し離れた場所にある。壁に懐かしさを感じる「週刊現代」の看板が現存し、レトロ感漂う小学館の学年誌のラックに雑誌が並ぶ。そして、「本屋ですがお茶も飲めます」「おしゃべりもできます」

「本も買えます」という看板が立てられている。喫茶コーナーを併設した書店は、「TSUTAYA」などの大型書店だけでなく、地方の小規模書店にも増えつつある。おそらく書店の規模は縮小したのであろうが、独自路線で営業を続けているようだ。

駅前に書店ゼロという地方都市が増えている中、鯖江は健闘しているのではないだろうかと感じた。地方書店の実態を取材してきていると、書店の数は町の活気と比例するという法則がある。書店は地方の文化発信基地であり、市街地に人の流れを生み出す原動力であるためだ。とはいえ、鯖江も郊外に大型書店が誕生するなど、中心市街地の先行きは不安視される。シャッターを閉めた店も多い中、営業を続ける「藤田書店」と「富士書店」には頑張ってほしいと願わずにはいられなかった。

静岡駅　地方都市最大級のアニメショップが誕生

2023年10月6日、静岡駅前に中古アニメグッズなどを扱う「駿河屋」の本店がオープンした。かつてここには静岡マルイがあったが、その跡地に出店したものである。この駿河屋のオープンは、オタク界隈の間で話題になった。規模が大きく、商品の充実ぶりが半端ないというのである。

静岡市を訪れる機会があったので筆者も初めて訪問したが、想像以上のスケールに圧倒された。フィギュア、アクリルスタンド、ぬいぐるみ、缶バッジ、同人誌、鉄道模型まで、あらゆる品物がある。そして中古商品なのに品物が綺麗であり、クオリティが高いのだ。「駿河屋」の集大成的な店舗であり、観光目的で訪れるに値する店舗といえる。

店内を見渡すと、従来のオタクだけでなく、家族連れも見かける。『ポケットモンスター』のぬいぐるみや、『鬼滅の刃』『【推しの子】』『SPY×FAMILY』のグッズを小学生くらいの子どもが選んでいる。漫画・アニメカルチャーが幅広い層に浸透していると言えるし、エントラ

「駿河屋本店」。漫画・アニメのみならずホビーグッズ全般を扱うデパートのような趣だ。静岡県は日本全国のプラモデル出荷額の80%超という圧倒的なシェアを誇るホビーの町であり、その観光の核にもなり得るか、注目される。

「駿河屋本店」は在庫数が凄まじいだけでなく、中古品を扱うショップのイメージを覆す明るいインテリアである。

ンスが明るく開放的なので、家族連れでも入りやすいのだ。

駅前の賑わい創出が期待される

「駿河屋」の向かいにはルイ・ヴィトンなどが入店する松坂屋があるが、駅前一等地にこれほどのスケールのアニメショップが立っている光景は驚きであった。同行した静岡県内在住のA氏は、「『駿河屋』ができて、駅前に行く楽しみが増えた。少なくとも、若者で駅前が賑わう効果は生まれるはず」と分析する。

「オープンしてから何度も通っているけれど、訪れている年齢層が広い。昨今の推し活ブームで、オタク文化が抵抗なく受け入れられるようになったと感じます。オタクが陰で隠れて活動していた昔が嘘みたい。来年は静岡が聖地のアニメも多く放送されるらしいし、タイミングとしてもちょうどいいのではないでしょうか」

なお、「駿河屋」はすぐ近くの紺屋町にも店舗があり、こちらではK-POPなどアイドル関連のアイテムや、ポケモンカードなどを扱う。ブロマイドや缶バッジなど、あらゆる品物がやはり膨大な量あるので、いわゆる〝痛バッグ〟などの推し活アイテムを作るなら駿河屋を巡れば十分素材が揃うだろう。

「駿河屋」と比較されるのが「まんだらけ」であり、こちらも18年ぶりに上場来高値を更新す

新静岡駅の駅ビル「新静岡セノバ」は官庁街にも近いため利用者が多い。

静岡駅前有数の繁華街、紺屋町にも「駿河屋」の店舗がある。

るなど、業績は好調だ。扱う商材は似ているが、「まんだらけ」が得意とするのはいわゆるソフビなどのヴィンテージTOY、アニメのセル画、そして漫画家のサイン色紙や原画などである。大雑把に言えば、新しい漫画やアニメの中古グッズが強いのは「駿河屋」、一昔前のものに強いのは「まんだらけ」といったところで、両社は棲み分けがなされている。

新刊書店は「ジュンク堂」が健闘

中古ショップの勢いは止まるところを知らないが、新刊書店はどうか。首都圏では新刊書店が苦境となっており、駅前の店舗から大型商業施設の店舗まで、閉店が続いている。静岡駅前も同様で、駅前の葵タワーにあった約60万冊を揃えた大型書店「戸田書店静岡本店」が、コロナ騒動の真っただ中の2020年7月に閉店した。県内最大級の書店の閉店ということもあって、当時は大きなニュースになった。

そんな中で、存在感を示しているのは、静岡鉄道新静岡駅に直結する新静岡セノバにある「MARUZEN&ジュンク堂書店 新静岡店」だ。「戸田書店」なき今、静岡の市街地では最大級の書店となっている。「新静岡セノバ」には映画館もあり、静岡の文化発信拠点として機能しており、人通りが絶えることはない。前出のA氏は話す。

「『戸田書店』がなくなったことで、『ジュンク堂』に行く機会が増えた。品ぞろえはさすが『ジ

「MARUZEN&ジュンク堂書店 新静岡店」は、静岡駅前最大級の書店である。

ュンク堂』といった感じで素晴らしいけれど、『戸田書店』がなくなったのはショックだったし、静岡駅前の書店は大丈夫なのかなという不安はある。なんとか『ジュンク堂』には頑張ってもらいたいですね」

甲府駅 書店空白地帯に大型書店がオープン

甲府市は武田信玄のお膝元として知られる町だが、関東地方の県庁所在地では人口が約18万人と、最小である。そんな甲府だが、2023年9月29日、甲府駅の駅ビル「セレオ甲府」の4階に約7万冊の書籍を備えた「くまざわ書店」がオープンした。オープン当初は山梨県内で大きな話題になり、NHKや新聞各社が報じている。

というのも、2023年1月に甲府駅周辺にあった書店が立て続けに閉店し、駅から徒歩数分の圏内に、新刊書店がまったくない状態が続いていたためである。「セレオ甲府」にあった「改造社書店甲府店」が1月22日に閉店、さらには市街地の「岡島（旧岡島百貨店）」にあった「ジュンク堂書店岡島甲府店」も1月31日に閉店してしまった。

特に「ジュンク堂」の閉店は衝撃的な出来事だったようである。開業当時は蔵書の数が約80万冊と桁違いであり、甲府を代表する大型書店であったためだ。研究者の利用も多かったようで、記者の知人で山梨大学の関係者は、「大型書店がなくなると困る。『ジュンク堂』は専門書

甲府駅の駅ビル「セレオ甲府」。この4階に「くまざわ書店」がオープンした。手前にあるのは甲府駅前のシンボル、武田信玄像。

甲府駅前の風景。駅周辺には県庁や市役所などもある。

も充実しているのが強みだった。いったい本をどこで買えばいいのか」と困惑していた。

百貨店の衰退を不安視する声も

また、駅前で甲府市民に話を聞くと、百貨店の地盤沈下を危惧する声も大きいようである。JR甲府駅前にあった山交百貨店は2019年に閉店してしまった。前出の岡島は、2023年3月3日に複合商業施設「ココリ」に移転したが、規模を大幅に縮小してしまっている。移転先にジュンク堂は復活しなかったし、記者が訪れたのは日曜日の夕方だったが、「ココリ」周辺の人通りはまばらであった。

この「ココリ」は、2010年の開業以来テナントの誘致に苦戦している。後にイオンが入店したものの、コロナ騒動真っただ中の2020年に撤退した。その前年には未来屋書店も閉店している。

このように、わずか数年前は大型書店が多数あった甲府の中心市街地だが、現在も営業を続ける新刊書店は、1918年に創業した「春光堂書店」くらいになってしまった。また、百貨店の規模縮小が地域経済に与える影響も少なくないはずである。

甲府駅前には、重要文化財の旧睦沢学校校舎や、丹下健三が設計した山梨文化会館などの名建築が並ぶ。甲府城の城門も復元されるなど、再開発が進んでいる。

アーケードの中で営業を続ける「春光堂書店」。取材当日は日曜日だったため、残念ながらお休みだった。

「ココリ」の2階には2022年まで「アニメイト」と「らしんばん」があり、学校帰りの高校生で賑わっていたのだが、移転してしまった。若者が集まるテナントが撤退したことは、中心市街地の活性化にダメージを及ぼすのではないか。

「アニメイト」も郊外に移転

何度も書いているように、地方の県庁所在地などに在住するアニメファンが、漫画などの単行本を買うときに利用するケースが多いのが「アニメイト」である。というのも、「アニメイト」は漫画を買うと特典が付くことが多く、ポイントもたまるため、通常の書店で買うよりも何かとお得だからである。

2000年以降に深夜アニメが一般層にも浸透し始め、それまでひっそりと過ごしていたオタクが堂々とアニメファンだとカミングアウトできるようになると、駅前の大型商業施設にアニメショップが入店する例が続出した。なかには、新潟県新潟市や福岡県北九州市のように、一棟まるまるアニメショップというビルが駅前に建つ地方もあるほどだ。「ココリ」にもかつて「アニメイト」が入っていた。中心市街地に若者を集客できる効果を見込み、運営会社が誘致したのであろう。

ところが、2022年に甲府の「アニメイト」は郊外のイオンモールに移転してしまった。地方では郊外にアニメショップが移転する例が増えているが、若者の生活や娯楽の場が駅前から郊外に移っていることを如実に表しているといえる。スターバックスなどの〝都会的な店〟が多くあるイオンモールは、地方にとってもはやインフラであり、文化発信の場として不可欠な存在なのである。

書店がなくなってもそれほど困らない？

コロナ騒動で地方経済は著しいダメージを受けたが、特に甲府に関しては、駅前の中心市街地からかなり活気が失われたように感じた。それでも、駅前で市民に話を聞くと、「駅前が衰退してもそれほど困らないし、甲府は住みやすい町」なのだという。郊外にショッピングモールが多く、利便性は高いためだ。前出の市民はこのように話してくれた。

「基本的に甲府は車社会だから、郊外のイオンモールが買い物の中心。駅前は県庁や市役所に来るときや、電車に乗るときくらいしか来ない。それに、ブランド品とか大きい買い物をするときは東京に行くことが多いし、東京が近いから不便はありません」

書店についてはどう思うのか。

「しばらく紙の本は買ってないですね…… 漫画は読みますが、ほとんどピッコマとかで読んでいます。本屋があれば行くことはあるのかもしれないけれど、別になくても困らないかな」

筆者がこれまで地方の書店事情を取材してきている中で、現地で一様に聞かれるのが「書店がなくてもそれほど困らない」「Ａｍａｚｏｎがある」「電子書籍がある」という声であった。

とはいえ、書店は若者から高齢者まで幅広い世代を引き付ける、文化発信の場でもあるのも事実である。県庁所在地であっても書店の閉店が相次ぐ現状を、このまま黙って見ているだけでいいのだろうか、と考えてしまうのだが。

北越谷駅・越谷駅 書店消滅の街を歩く

大都市の駅前の書店でも新刊書店が消滅する事態になっているが、そうした傾向は埼玉県などのいわゆる東京のベッドタウンと呼ばれるエリアでも同様である。具体的な例を見るために、人口約34万人を有する埼玉県越谷市を訪ねた。

越谷駅は市役所の最寄り駅であり、越谷レイクタウン駅や新越谷駅が開業してからも、依然として越谷市の中心駅である。東武伊勢崎線（東武スカイツリーライン）沿線では駅の高架や商業施設の改修が行われているが、越谷駅では2023年12月7日には駅の商業施設の改修が終わり、「EQUiA（エキア）越谷」がオープンした。「東武ストア」や「ミスタードーナツ」などがテナントとして入り、駅の雰囲気は明るくなり、活気づいた。

ただ、前身の商業施設には、かつては小規模な書店「CROSSBOOKS越谷店」があったが、「EQUiA越谷」には入店しなかった。書店があった場所には「ビアードパパ」と「サーティワンアイスクリーム To Go」が入っている。筆者は、越谷駅のリニューアル前に、駅をよく利用

マンションや雑居ビルが立ち並ぶ越谷駅前。草加駅などと並び、東武伊勢崎線沿線の代表駅の一つである。駅前の「越谷ツインシティ Bシティ」には越谷市立図書館の分館・中央図書室がある。

越谷駅の商業施設「EQUiA（エキア）越谷」。東武ストアやミスタードーナツなどが並んでいるが、かつては書店があった。

中古書店を含めると、越谷駅の最寄りの書店はブックオフである。新刊書店が消滅している一方で、ブックオフが生き残っている駅前は多い気がする。

するという高齢者に話を聞いた。

「施設も綺麗になるでしょうし、賑わいが生まれるのは間違いないでしょうね。でも、書店が残らなかったのは残念。文房具も売っていたし、電車に乗る前にふらっと立ち寄れたのに」

越谷駅から少し離れた場所にある商業施設、「アルコ越谷」には小規模書店の「文之堂」があり、市役所に向かう通りには中古書店の「ブックオフ」がある。しかし、駅からは書店が完全になくなったことになる。通勤通学のついでに雑誌や漫画を買うという光景は、完全に消滅したといえる。越谷駅のように、商業施設の改修後に書店が残らないというケースは多いようだ。

「文真堂書店北越谷店」の跡地では「マツモトキヨシ」が営業中。非常に規模が大きく、生活用品も揃うので便利な店である。

松伏町へと向かうターミナル、北越谷駅

一駅先にある北越谷駅前も、2021年に駅前から書店が消滅した。かつては駅のすぐ横に「文真堂書店北越谷店」という中規模の書店があったが、「マツモトキヨシ」に替わってしまった。最寄りの書店は、駅から徒歩で10分ほどの場所にある「ほんのいえ宮脇書店越谷店」であり、これほど離れてしまうと駅前の書店とは言えないであろう。

駅前で高齢者に話を聞くと、「マツモトキヨシはとても便利。食料品もあるし、安いからスーパーみたい。書店は無くなっても特に困っていない」と言われた。他にも何人かに話を聞いたが、「書店はないと寂しいが、なくても困らない」という意見が少なくなかった。特に、紙の本を支持しているとされる高

「アルコ越谷」には小規模書店の「文之堂」がある。駅から若干離れているので駅前書店とはいえないが、売れ筋の本から文房具まで扱い、店の雰囲気はとてもよく、近くにあれば通いたくなる書店である。

北越谷駅前にも巨大なタワーマンションが立つ。

北越谷駅前からは、松伏町方面へ向かうバスが平日の日中でも約10分おきに運行される。

齢者から、そうした声が聞かれたのは衝撃的であった。これでは書店が消滅するのは時間の問題なのかもしれない。

なお、北越谷駅はネーミングから誤解されがちだが、ローカル駅ではない。駅前からは人口約2万7千人の松伏町方面へと向かうバスが、高頻度で運転されている要衝である。夕方になるとバス待ちの行列ができるような駅前からも書店が消えてしまうのだ。

越谷市最大の規模の駅は、東武鉄道とJR武蔵野線の南越谷駅との乗り換え駅にあたる、新越谷駅だ。新越谷駅の駅ビルには「旭屋書店新越谷店」があり、多くの客で賑わっていた。駅ビルは2024年4月現在、改修工事の真っ只中にあるが、幸いにも書店は残りそうである。しかし、越谷駅と北越谷駅のような駅からも書店が消えてしまう状況からも、越谷市近辺の書店の行く先が心配である。

川越駅 地方都市では稀有な書店の充実度

川越は〝埼玉の小京都〟といわれる蔵造りの街並みで有名な、埼玉県内屈指の観光都市である。江戸時代には城下町として繁栄し、前出の蔵造りの街並みや川越城本丸御殿などの文化財が豊富に残る。その一方で、約35万人の人口を有する経済の中心でもあり、都心に直通する列車も発着することから東京のベッドタウンとしての役割も担っている。

観光客が川越を訪れる場合、似た駅名がたくさんあるので混乱することが多い。JRと東武の「川越」駅、東武の「川越市」駅、そして西武の「本川越」駅があり、いずれも重要な駅である。いわゆる蔵造りの街並みは、新宿から特急が出ている本川越駅がもっとも近い。しかし、規模としてはJRの川越駅がもっとも大きい。

川越は、埼玉県内では書店に恵まれている都市といえるだろう。まず、JR川越駅の駅ビルのルミネには、なんと新刊書店が2店舗も入っている。「ブックファースト ルミネ川越店」と「ヴィレッジヴァンガード ルミネ川越店」だ。両店とも平日午後の訪問だったが、とにかく学

JRと東武が乗り入れる川越駅は、埼玉県有数のターミナルである。通勤客から学生まで利用者が非常に多い。

本川越駅は西武鉄道のターミナルで、蔵造りの街並みにも近く、ホテルも併設されている。

川越駅の駅ビル、ルミネには「ブックファースト」と「ヴィレッジヴァンガード」がある。性格が違う2店とはいえ、駅ビルに書店が2店あるケースは近年ではかなり珍しくなった。

生の姿が多かったのが印象的だった。調べてみると川越周辺には高校がたくさんあり、学生の需要のおかげで駅に書店が2店も残っているのかもしれない。

また、駅の西口には地元の書店「精文堂」もある。店の雰囲気は若干レトロであるが、規模が比較的大きく、1階が書店と文具店、2階がプラモデル、ミニ四駆、トレーディングカードなどを扱うかなりマニアックな店である。漫画の取り扱いも約2万5000冊と、専門店並みの在庫を持っている。カードゲームのイベントも開催されているそうで、地元の子どもや若者が集まるコミュニティの場となっているようだ。

川越駅前の商店街、クレアモールは学生から観光客まで様々な人々が行き交い、常に活気がある。

大型書店もあり、本好きには嬉しい

川越駅から本川越駅に向かう間には、全長約１２００ｍのクレアモールという商店街がある。この商店街の特徴は昔からある小売店や職人の店と大手チェーンが共存し、常に人通りがあることだ。日本屈指の活気ある商店街といわれることもあるというが、現地を訪れてみれば誰もが納得するだろう。活気がある要因は様々だが、本川越駅から川越駅に乗り換える人が利用するし、川越駅から蔵造りの街並みへと徒歩で向かう観光客の需要もあるためではないか。

クレアモールには川越最大級の書店、「紀伊國屋書店川越店」がある。同店のホームページを見ると、コミック売場と学習参考書コーナーが充実の品ぞろえで、〝「あそび」も

ドン・キホーテなどが入る「川越モディ」には「アニメイト」と「らしんばん」が入っている。

「紀伊國屋書店 川越店」は川越最大級の書店。「まるひろアネックス」で営業し、学習参考書の品ぞろえが充実している。

「まなび」も強力にサポートしたい〃という思いが込められているといい、学参コーナーは学校帰りの学生が多数立ち寄っていた。これまで多くの書店を訪問してきたが、活気のある書店の特徴はとにかく学生の姿が多いことである。そして、若者が気軽に入りやすい店づくりをしているかどうか。これはあらゆる業種で大切なポイントではないだろうか。

なお、同じビルには「星乃珈琲店」があり、「紀伊國屋書店」で買い求めた本を読む人の姿が見られた。書店が町の中に溶け込んでいると感じられた。

川越は埼玉県内の都市では総じて活気のあるエリアと思うが、コロナ騒動の影響か、やはりシャッターを閉めた店舗や廃墟となったビルも目に付く。また、かつてはもっとたくさんあったであろう、個人経営の中小規模の書店が少なくなったのが気がかりである。それでも、あらゆる本の需要に応える店が駅周辺に集結しており、読書家が住む地方都市としては理想的な水準と言ってかもしれない。

青森〝ポップごと売る本屋〟「木村書店」閉店の衝撃

〝ポップごと売る本屋〟として有名な、青森県八戸市の「木村書店」が2023年12月27日に閉店した。地方の書店業界に衝撃が走った事件であった。

1927年創業の木村書店は、八戸市小中野地区にある典型的な町の本屋だが、2017年に始まった手描きのポップをつけて本を宣伝する試みが話題になる。そして、「ポップが欲しい」というお客さんの要望に応えるなかで、ポップと本を一緒に販売するという現在のスタイルが定着した。

公式Xの12月11日付のポストには、「創業から96年、長年にわたり支えていただいた皆様に心より感謝申し上げます。残り少ない営業とはなりますが、お客様のご来店を従業員一同心よりお待ちしております」と、感謝の言葉が綴られていた。

また、これまで数々のポップを描いてきた、木村書店の通称〝ポプ担〟の及川晴香氏が、「長年ポップ担当というとても楽しい仕事をさせていただき、お客様には感謝の気持ちでいっぱい

@kimurasyotenn1 · Follow
【閉店のお知らせ】
2023年12月27日、木村書店は閉店いたしました。
長きに渡り沢山のお客様に支えていただき心より感謝申し上げます。
また、Xでも皆様に温かく見守っていただき最後まで楽しく投稿させていただいたこと、企業アカウントとして大変嬉しく、そして幸せでした。... Show more
96年間
KIMURA

木村書店が公式のXでポストした内容。@kimurasyotenn

です。私個人の話になりますと病気療養の休職中の閉店、とても悲しいです」と思いをポストした。

　そして、「残りの期間は私も体調が安定している日は出勤して木村書店という場とお客様とのやりとりを楽しみたいと思っております。長きに渡りXでも沢山のお客様に見ていただき、木村書店アカウントは本当に幸せな企業アカウントでした。皆様のお力なしにはポップ担当を続けることは勿論、2冊も本を出版するという夢のような体験をすることはなかったと思っております。本当に、本当にありがとうございました！」とコメントした。

　木村書店のポップは全国的に有名となり、『ポップ担当日記 まちの本屋と書店員の日常』など、これまでに2冊の本が出版されている。かわいらしく、あたたかみのある絵柄は幅広い世代から好評で、Xにたびたびポストされる漫画も人気が高かった。

ちなみに、筆者も、八戸のガイドブック『八戸本』（エディターズ・刊）を手伝った際に、合間に訪問させていただいた。残念ながら〝ポプ担〟さんに会えなかったのは心残りである。

木村書店は創意工夫によって人々の目を書店に向けさせた点において画期的な書店であった。しかしながら、市営の書店「八戸ブックセンター」が存在するなど、地方都市の中でも書店の文化が盛り上がっている八戸市から、老舗書店が消滅するのは本当に残念である。

札幌　大型店を中心に賑わう

外国人が支える観光地は活況

羽田空港から飛行機に乗って、北海道の玄関口、新千歳空港に久しぶりに降り立つと、景色が一変していた。コロナ騒動の様々な規制が緩和された影響だろうか。新千歳空港にはとにかく外国人の姿が多いのだ。その後に、札幌、小樽、富良野などの観光地を訪問したところ、とにかくどこでも外国人に出会う。

富良野のリゾートホテルのロビーは、とにかく外国人であふれていた。北海道の経済は外国人観光客によって支えられつつある。その筆頭がニセコだろう。筆者はまだ訪れていないのだが、2023年12月15日にはルイ・ヴィトンのポップアップショップが期間限定で開店したり、リゾートホテルのリッツ・カールトン・リザーブではハンバーガーの値段が〝9600円〟になっていたりと、異世界のようだ。独自の経済圏ができていると言っていいほどの活況のよう

札幌駅。高層ビルはJRタワー。北海道新幹線が開業予定のため、再開発が進む。

札幌駅前の百貨店、大丸。その傍（写真左）に「紀伊國屋書店 札幌本店」がある。今や札幌駅前唯一の大型書店。

である。

インバウンドの勢いは様々な分野に及んでいるようだ。札幌のルイ・ヴィトンの店舗やブランド品の中古販売ショップなどに足を運んだところ、外国人がパテックフィリップやロレックスなどの時計を買い漁っている光景が見られた。一時期銀座に多かった転売目的のバイヤーとは異なる雰囲気で、観光に訪れたついでに高級品を買い求めようとしているのであろう。なんともリッチな旅行だと思う。

その一方で、主に日本人によって買い支えられている書店業界は、苦境に陥っていると言わざるを得ない。北海道在住の友人に話を聞くと、札幌以外の地方では、ひっそりと中小の書店が閉店する事例が多いようだ。そして、比較的安泰とみられていた札幌近郊の書店も営業を終えるケースが目立っているという。

島本和彦経営の書店が閉店

北海道の書店に関する話題で、ネットでたびたび話題になった事例といえば、2024年1月31日、漫画家の島本和彦が経営していた「TSUTAYAサーモンパーク店」と「アカシア書房ちとせモール店」の閉店であった。いずれも所在地は千歳市であり、新千歳空港からも車でアクセスしやすい立地であった。

島本が経営していた書店は、札幌郊外、道央道札幌インターチェンジ近くの「TSUTAYA札幌インター店」もあったが、こちらはコロナ騒動の真っただ中の2020年11月8日に閉店している。もともと1996年に島本の父が始めた店であったが、後に島本が社長に就任。青山剛昌、あだち充、藤田和日郎などのサインが壁面に描かれた店内は漫画ファンの聖地となっていた。

島本は、メディアの取材に、「本が売れなくなっていることやDVDなどレンタル市場も厳しい状況になっており、採算が合わない状況が続いていた」と苦しい心境を語り、「2018年の北海道胆振東部地震で店舗補修費用がかさみ、投資負担を少しでも回収するために閉店時期を延ばしていたが、それも限界に達した」と回答している。

本は電子書籍の普及で売れなくなっているし、DVDなどのレンタル事業はコロナ騒動の巣ごもり需要で爆発的に契約者が増えたNET FLIXなどのサブスクによって、市場が急激に縮小している。島本はカリスマ的な人気のある漫画家であり、筆者の知人は今回の閉店を惜しんでわざわざ東京から北海道まで足を延ばしたほどである。しかし、ファンの需要だけでは支えきれないほど、書店のニーズが減少している事態が浮き彫りになったといえる。

大通公園の傍にある「MARUZEN＆ジュンク堂書店 札幌店」。

札幌の書店は大型店が中心に

札幌市内の中小書店はいつの間にか相当数が消滅しており、いわゆる大型店が中心になりつつある。この状況は他の政令指定都市とほとんど変わらないように思える。主要な書店として、まず、数年後に北海道新幹線がやってくる札幌駅前、大丸の横に「紀伊國屋書店札幌本店」がある。また、大通公園の近くには「MARUZEN＆ジュンク堂書店 札幌店」がある。この2店が札幌の大型書店の中核といったところだろう。「ジュンク堂」の近くには「アニメイト」などのアニメ系のショップが入ったビルがあり、相乗効果はある。

札幌最大の歓楽街であるススキノには、いわゆるニッカウヰスキーの看板で有名な「すすきのビル」の向かいに、2023年11月30

MARUZEN&ジュンク堂書店 札幌店
開店15周年のごあいさつ
おかげさまでMARUZEN&ジュンク堂書店札幌店は2023年12月20日でオープン15周年を迎えることとなりました。2008年に大通公園にほど近いこの地に店舗を構えてから、本を愛する皆様の多大なるご支援に支えられて今日まで営業させて頂きましたこと、深く感謝申し上げます。
当店は一貫して品揃えの充実にこだわり、できうる限りお客様の期待にお応えできるよう地域の一番店を目指して参りました。本を選ぶことは自らの個性を選び取るということ。お客様の本選びに微力ながらお力添えできたとしたら、これ以上の喜びはございません。これからもお客様とともに、「本の文化」の灯を途絶えさせることなく、次代に引き継いで参りたいと思います。
今後ともご愛顧ご支援を賜りますよう心よりお願いし、周年のお礼とご挨拶とさせていただきます。
MARUZEN&ジュンク堂書店 札幌店　店長・従業員一同
感謝を込めて
MARUZEN & ジュンク堂書店
「ジュンク堂」は開業15年を迎え、地域に根差しつつある。

本
「ジュンク堂」周辺にはブックオフやアニメイトなどもある。

ススキノの再開発で誕生した「COCONO SUSUKINO」。

日、東急不動産などが主導して開発した商業施設の「COCONO SUSUKINO」が開店した。しかし、施設には「TOHOシネマズすすきの」などの映画館は入ったが、書店は入店しなかった。一昔前であれば、再開発で誕生する商業施設にはチェーンの書店が入るのが鉄板だったが、最初から入らないパターンが増えているようで、書店の集客力低下を感じずにはいられない。

道内の経済は札幌が事実上独り勝ちと言っていい状況にあり、小樽、ニセコ、富良野などの世界的に知名度のある観光地がそれに続いているといったところだろうか。道内を取材で回っていると感じることだが、札幌など一部の観光地を除けば、駅前や中心市街地が訪問するたびに衰退している印象を受けるのが残念だ。釧路駅や稚内駅の駅前の閑散とし

「まんだらけ」などの中古アニメショップが入るビル。

た風景は気の毒になってしまうほどで、札幌と旭川の間にある深川駅、滝川駅などの駅前は、特急が頻繁に停車し、札幌圏へのアクセスが便利な位置にあるのに衰退が著しい。

北海道出身の漫画家は多く、『はいからさんが通る』『あさきゆめみし』の作者の漫画家・大和和紀らを発起人として、ゆかりの漫画家が連携して「北海道マンガミュージアム構想」が推進されている。非常に夢のある企画だし、新たな観光の名所が誕生しそうな勢いだ。しかし、せっかく漫画の新たな聖地が誕生しそうなのに、書店が少なくなっているのは悲しい。流れを受けて、書店業界も盛り上がって欲しいものであるが……。

コラム

中川淳一郎に聞く雑誌の未来「ネットより雑誌のほうが自由な表現の場になっていく」

中川淳一郎「webはバカと暇人のもの」（光文社新書）

ネットは自由な表現ができない

中川淳一郎の『ウェブはバカと暇人のもの 現場からのネット敗北宣言』（光文社新書）は、当時現役のネットニュース編集者だった中川が、ネットを取り巻く様々な問題点を述べた本として大きな話題になった。

『ウェブはバカと暇人のもの 現場からのネット敗北宣言』の中で、ネットニュース編集者でありながらテレビ最強論を唱えていた中川。その考えは今も変わることがないという。

発売から約14年。この本を読み返してみると、あまりに内容が現代にそのまま当てはまるので驚かされる。例えば、本書ではネット炎上やバイトテロについて触れられているが、現在のネット界隈を見るとどうだろう。回転寿司店でいたずらをする動画が大炎上し、社会問題化している。依然として炎上は繰り返されており、約14年前と何一つとして変わっていないのだ。

この本で中川がネットに感じていた違和感も、ことごとく現実のものになっている。筆者が痛感するのが、「ネットには自由な言論などない」という指摘だ。筆者もネットニュースで記事を書いているが、表現に関しては不自由になっていると感じる。炎上を恐れるあまり、奇抜で、ぶっとんだ表現ができないのだ。

そうした兆候は、２００９年の段階で既にみられていたようである。中川は当時、「雑誌では自由なことを書けない」というライターが、ネットニュースに多く参画してきたものの、次第に読者からのツッコミや謝罪要求などを怖れ、萎縮していったことを書いている。

雑誌が自由な表現の場になり得る⁉

では、中川は現在のネットと雑誌をどのように見ているのか。

「ネットよりも雑誌のほうが自由な表現の場になっている印象です。今は雑誌の仕事こそが、ライターにとって一番楽しい仕事場だと思いますよ」

中川はこうも話す。

「雑誌は紙になって残るとはいえ、一定の期間、書店に置かれたら消えていく運命にある。対するネットニュースは、読み捨てられる一過性のものと思いきや、実はそうではないんです。ニュースサイトにＵＰされた記事は、何年もネット上に残り続けます。簡単にスクショやコピペがされて、５ちゃんねるに残る可能性もあります。これはライターにとって大きなリスクなんですよ」

ネットがマニアックな人々のツールだった時代は、確かに自由があった。しかし、世界中の不特定多数がアクセスできるようになった今、ライターや記者が過去に書いた記事が炎上するケースが相次ぐ。

そうしたリスクは個人や企業にもある。SNSでは著名人の過去のツイートが掘り起こされ、炎上が繰り返されている。特定の人物に対する誹謗中傷や犯罪自慢などは論外だが、ちょっとした言葉遣いで謝罪を要求される事例など、首をかしげてしまう事例も少なくない。ネット上に発言を残すリスクは高まっているのである。

マニアックな雑誌は生き残る

雑誌の方がネットよりもクリエイティブな一面が多いと、中川は指摘する。

「ネットはライターが書いた原稿をそのまま載せて終わりだけれど、雑誌は写真の位置やデザインを工夫していくらでも面白くできる。オレが在籍したころの『テレビブロス』は天才的なデザイナーが写真やイラストをうまくレイアウトして、誌面を面白く見せていた。レイアウトと相乗効果で文章が引き立つ楽しさって、ネットニュースしかやったことがないライターは知らないんですよね」

雑誌にはネットニュースのような速報性こそないものの、じっくりと時間をかけて誌面を作る、職人の手仕事のような魅力が残っているのだ。しかし、雑誌の部数下落は続き、顕著な伸びを見せているのは定期購読会員向け雑誌の「ハルメク」くらいで、他は厳しい状況が続く。雑誌が生き残る道はあるのだろうか。

「雑誌はラジオと同じ運命になる気がします。ラジオは熱狂的なファンやタクシードライバーなどのコア層がいるじゃないですか。ああいう人たちが支えているのです。もはや万人に受ける雑誌を編集するのは難しいのなら、一定のマニアックな需要に向けて、とことんマニアックに作るべきでしょう。それが、今度の雑誌が生き残る道ではないでしょうか」と中川は一定数の雑誌は生き残ると語る。その筆頭に挙げるのが、専門誌だ。

「『月刊住職』のような特定の職業からニーズのある雑誌や、医学や科学の専門誌は紙が強い。専門誌は８０００部が定期購読され、それで儲かるようなシステムを構築していくのがいいと思いますね」

雑誌をムック本化していく

中川は、「雑誌のコレクショングッズ化」も提案する。

「例えば雑誌そのものをムック化して、毎号ごとに特集のテーマを変えるんです。この人を出すとみんなが興味を持つという人を選んで、木村拓哉のすべて、西島秀俊のすべて、辻希美のすべてみたいな本を作る。本人にＳＮＳやブログで宣伝して、連動して広めてもらうんです」

これはかつて見城徹が編集長を務めていた時代の『月刊カドカワ』がとっていた手法ともいえるが、近年の声優アイドルなど、ネットと親和性の高い人物であれば有効かもしれない。

さらに、毎号ワンテーマに絞り、とことんマニアックな誌面にするのも一つの案だ。「俺は『国産ビールのすべて』みたいな本が出たら買いますよ（笑）」と、中川は言う。そうした誌面作りをする雑誌といえば、現状では「Ｐｅｎ」などが該当するかもしれないが、せっかくならコレクターズアイテムとして本の作りを紙質からこだわり、体裁も含めてコレクション性の高いものにするべきだろう。

嗜好品を扱う雑誌で気がかりなのは、広告上の配慮なのか、メーカー寄りの記述が目立つ点だ。また、あるムック本がコストカットのために印刷代を削減した結果、写真が汚く印刷されてせっかくの魅力ある誌面が台無しになった例もあった。これではネットに対抗できないだろう。

雑誌がネットといかに差別化を図るか。結局のところ、それは丁寧な取材を行い、こだわりの誌面をとことん追求するのが一番なのではないだろうか。

第三章　行政と書店

読み聞かせイベントは、未来の顧客を育てる上で有効

しかし、その前に書店が消滅する恐れも？

佐賀県武雄市にある「武雄市図書館」。週末ともなると地元の人だけではなく、海外からの旅行者も大勢訪れるなど観光スポットとなっている。

読み聞かせイベントの効果

経済産業省が2024年3月5日に「書店振興プロジェクトチーム」を設置し、書店を本格的に支援しようという動きが始まっている。大臣直属の本格的な支援に乗り出すという。書店支店のプロジェクトは初めてとなるようだ。

曰く、「店主が一冊ずつ良書を選んで入荷し、店のサイトやSNS上で紹介する個人書店や、カフェや文具店を併設し魅力的な読書空間を作る書店チェーンなど優れた事例を共有し、支援策の参考にする」のだという。

子ども向けの読み聞かせイベントは、書店の振興策として目に付くようになった。その規模は様々で、プロの声優なナレーターを呼んで開催する本格的なものから、地元のお母さんが主体となるほのぼのとしたものまである。準備だけでも一苦労であるが、開催して書店の売上増に繋がるのか……と懐疑的な意見があるが、実態はどうなのだろうか。

これは非常に難しいテーマである。信用に足る統計的なデータもないので、効果の有無を判断するのが困難である。おそらく、長い目で見れば多少の効果はあるだろうし、地域活性化のためにはやる意味はあると思う。しかし、それがすぐに書店の収益改善に繋がるかは疑問が残る。

書店に足を延ばさせる効果

読み聞かせイベントの意義として、子どもの時から書店に足を運んでもらうきっかけを作り、将来の顧客を育てる効果が挙げられる。子どもの社会科見学の受け入れに熱心な企業には、そういった狙いがあったりするものだ。

例えば、三重県にある個人経営の宝飾店は、小学生の社会科見学を積極的に受け入れてきた。店主によると、子どもがやがて大人になり、店のことを覚えていてくれれば、成人式の時に数十万円のジュエリーをポンと買ってくれることがあるためだそうだ。ベテランのある自動車のディーラーは、冷やかし感覚で来た子どもにまでわざわざミニカーやカタログをプレゼントするという。これは車離れが叫ばれる昨今、少しでも子どもに憧れを持ってもらい、十数年後の購入に繋げたいという思いからだという。このように、子どもを大切にすることは、長い目で見れば意味があるといえる。

ただ、特に地方の書店で同じことが通用するかというと、なかなか難しい。ジュエリーや自動車と異なり、本は薄利多売の商材であるためだ。特に、児童書は少子化が進む地方では、あまり旨味のない商材であり、短期的な利益には繋がらないという意見もある。そして、短期的な利益に繋がらなければ閉店を考えねばならない、という書店がコロナ騒動を経て全国にごまんとあるのだ。

「取次はとにかく売れる本を回してほしい」「読み聞かせなんてそんなものは意味がない。それよりも売れ筋の本をちゃんと発売日に回してくれ。それだけでもだいぶ売上は違う」と話すのは、宮城県の書店主N氏である。取次が売れ筋の本を地方の書店に回してくれない――それこそが、地方の書店が苦境に陥っている要因という声はあちこちで聞かれる。とはいえ、取次の気持ちもわかる。地方から急激に書店が減っている中、燃料の高騰で輸送費も馬鹿にならないだろうし、返本のリスクを考慮すれば大型書店に一気に配本した方がコスパは圧倒的に良いのだから。しかし、「こんな有様では、取次はいったい何のためにあるのか。仕事を放棄しているのではないか」とN氏は嘆く。

「書店は基本的に薄利多売のビジネス。書店を続けても、そもそも売れ筋が入ってこないようでは、どんなに支援を受けても経営は成り立たないと思います。うちを応援しようと思って予約を入れてくれる人に、発売日に本を渡せず、辛い思いをしたことは一度や二度ではありません。流通の問題を解決しない限りは、地方の〝町〟や〝村〟レベルの自治体から書店が消えるのは時間の問題だと思いますよ」

せっかく地方に店があるし、広いスペースもあるのだから、カフェでも開けばいいのではないか。そういった声はN氏のもとにも寄せられると言う。しかし、提案に対してN氏は首をかしげる。

「カフェを設けたところで、売れ筋の本が入ってこないと経営は成り立たない。イベントをやったところで、継続的な儲けに繋がるのか、疑問です。資本力がある大手か、趣味レベルで書店をやろうという人なら、それでいいのかもしれませんが……」

効果的な書店の支援策はどのようなものなのか。経済産業省の支援が本格的に始まる前に、議論を深めておきたいものである。

近年の図書館の傾向を探る

規模の巨大化、官民の連携、そしてAIを使ったサービス

「武雄市図書館」はスタイリッシュでカフェを併設するなど斬新な図書館の先駆けとなった。

近年の図書館の傾向

２０００年以降に誕生した地方の図書館で話題になった例といえば、佐賀県武雄市の「武雄市図書館」ではないだろうか。当時の武雄市長・樋渡啓祐氏の肝いりでリニューアルされたこの図書館は、２０１３年からTSUTAYAが運営に関わり、店内にはスターバックスが併設され、何より斬新なデザインの建築も話題を呼んだ。「武雄市図書館」の運営方針に関しては賛否両論があり、議論を巻き起こすことになった。とはいえ、一時は自治体の視察も相次ぎ、佐賀県を代表する観光名所となった。これを機に図書館の在り方について議論が深まったのは間違いなく、斬新な図書館が次々に登場していくきっかけを生んだと言っていい。その勢いが近年、また加速している。近年の図書館の傾向としては、規模の巨大化、官民の連携、そして斬新なサービスが目立つ。これらの点に着目して、印象的な事例を見てみよう。

例えば、２０２７年度後半の開館を見込む、新しい「静岡県立中央図書館」は延べ２万㎡、事業費１９２億という巨大なものになる。東静岡駅に隣接して建設され、低層階には地域に開かれたオープンスペースを多く設けつつも、高層階には調査に没頭できる静かな空間を設けるなど、棲み分けがなされている。「静岡県立中央図書館」は県庁所在地の中核を成す図書館であるが、人口約7万人の地方都市、宮城県登米市でも、現在の2．5倍という規模の新図書館の建設が構想されている。２０２８年を開館目標とし、蔵書は約30万冊に達する見込みという。

官民の連携とＡＩの利用

官民の連携によって、新たな図書館を生み出す動きは続いている。岐阜県可児市では、「無印良品」の店内に図書館分館「カニミライブ図書館」を設けた。蔵書は約4万冊、２０２３年11月にオープンしている。「無印」と自治体がこうした連携協定を結ぶのは全国初であり、同社が持つデザイン力とブランド力を生かした図書館が誕生する予定だ。そして、ＡＩが図書館にも進出しつつある。新潟県新潟市の「新潟県立図書館」では、7月11日より、図書館に行かずともスマートフォンやパソコンなどで電子書籍が読めるサービスの提供を開始した。ＡＩが文章読み上げを行うもので、専門書やビジネス書などおよそ３０００冊が対象。文字が読むことが難しい人、目が見えない人にも優しいサービスとなっている。

図書館は本との出合いを提供するだけでなく、調べものなどの学習の拠点、そして地域の歴史を守り伝える拠点としても欠かせない存在である。人々が交流する以降の場としての機能、そして「静岡県立中央図書館」がそうであるように、賑わいの創出なども期待されている。様々な事例を俯瞰してみると、図書館の理想形は決して一様ではなく、それぞれの自治体や地域性にあった形に進化しているのがわかる。図書館はただの本が読めるハコではなく、コミュニティ、観光などの面でも欠かせないものになった。魅力ある施設とすべく官民の連携も進んでいくと思われるが、その場合は地域住民に対して開かれた透明性も必要になってくるだろう。2020年代、相次いで完成する予定の図書館が創造する未来に期待したい。

書店のない街に書店を――自治体が運営する唯一無二の書店

青森県八戸市の「八戸ブックセンター」はいかにして生まれたのか？

「八戸ブックセンター」のロゴマークは、本を2冊並べて八戸の“八”をかたどったデザイン。

前市長の思いが生んだ自治体運営の書店

２０１６年12月に青森県八戸市に閉館した「八戸ブックセンター」は、全国でも類例がほとんどない自治体が運営する書店である。書店が全国的に減少している中、なぜ自治体がわざわざ書店を造ったのか。キーマンとなる所長の音喜多信嗣さんに話を聞いた。

――「八戸ブックセンター」が開館した経緯を教えてください。

音喜多：前市長の政策公約に掲げられたことが事業開始のきっかけではありますが、全国的な傾向と同様に八戸市内の書店が減ってきているなか、書店がなくなることは避けたいと考えていました。中心市街地の活性化にもつながりますし、書店は町の文化を象徴する存在ですので、開館に向けて計画を進めていきました。

――一般的に、自治体がインフラとして人を集める場として考えるのは、図書館ですよね。な

お話を伺った音喜多信嗣さん。書店員であると同時に八戸市の職員でもある。

ぜ書店にこだわったのでしょうか。

音喜多：本は図書館で借りて読んでもいいのですが、書店で買って自分のものにすることも同様に大事だと思います。購入すれば本棚に形としてずっと残っていきますし、好きな時に読み返すこともできる。そうすれば心が豊かになっていくでしょう。書店文化を守ることと合わせて、市民にこうした体験を提供することも、自治体の使命だと考えるためです。

――運営の主体は八戸市だそうですが、外部の業者は関与していないのでしょうか。

音喜多：指定管理による運営という選択肢もありますが、その場合、ある意味では市の手

公共施設同様にワークショップや企画展を行うコーナーもある。

を離れてしまうことになります。現時点では自分たちで企画を進めたいという考えから、市の直営としています。

既存の書店とはこう棲み分ける

——設立に当たって、既存の書店から反対はなかったのでしょうか。

音喜多：計画の段階で市内の全書店を回ったとき、反対意見はゼロだったんですよ。出版不況が叫ばれて書店業界が厳しい時代だったので、行政が自分たちにプラスになることをしてくれると、肯定的に捉えていただけたと感じています。

——とはいえ、書籍を仕入れる際には既存の書店との棲み分けが難しそうです。

音喜多：〝いま読んでほしい本〟ではあるものの、なかなか商売になりにくい〝売れ筋ではない〟本を中心に仕入れることで、他の書店と棲み分けています。すなわち民間の書店では扱いにくい、人文、社会科学、芸術、世界、自然科学などの分野を中心に仕入れています。対して、漫画や雑誌は他店にお任せする。こうすることで、八戸市全体で本はなんでもそろうようにすることが理想です。これはオープンから一貫して続けている理念ですね。

――素晴らしいですね。「丸善」や「ジュンク堂」のような大型書店にしかない専門書が買える書店は、地方では画期的な存在ではないでしょうか。

音喜多：とはいえ、専門性の強い本だけ並べると偏りが出てくるので、そこに行きつく入口となるような本も並べています。当館は特定の分野の専門書店ではありません。知恵へのいざないという狙いで、分野は手広く扱い、新たな本との出合いの場を提供したいと考えています。スタッフは元書店員を中心に採用しているので、本に関する目利きはしっかりしていますよ。

――地元出身の作家の棚が充実しているのも特徴ですね。地方出身の漫画家や小説家は、地元

八戸や南部藩など地元に関する本が充実している。

の書店がフェアを開き、平積みにしてくれることによって認知度が高まっていきます。私がこれまで取材した漫画家の中にも、「売れなかった時代に地元の本屋が応援してくれたのがありがたかった」と語る人がいました。

音喜多：八戸の行政として、地元を盛り上げていく意味でも地元出身の作家は積極的に仕入れていますし、特設のコーナーを作っています。ちなみに私は八戸市出身の作家では、呉勝浩さんが好きです。読み始めると止まらないミステリー小説で、直木賞候補にも3回なっていますが、当館でもイベントを開催しました。

八戸市の書店の現状と今後の課題

――現在、市内には何件の書店がありますか。

音喜多：現在、「八戸ブックセンター」を入れて11店でしょうか。徐々に減ってきています。そこで、私たちは民間の書店と協力して、市内全体で本を売るように頑張っています。

――八戸はひょっとして読書人口が多いのかなと思いました。

音喜多：他の自治体と比較するのは難しいですが、本を読む人たちが多いのは事実でしょう。例えば、市民有志が行う読書会のサークルが20弱ほどあります。また、それらサークルをまとめる連合会は50年以上の歴史を持ちます。私たちはそうした団体と一緒になって企画をすることもありますね。

――オープンしてから、地元に経済効果はありましたか。

音喜多：全国の書店巡りを趣味にされている方もいるので、八戸の観光施設の一つになってい

ハンモックに乗ってじっくり本を選べるコーナーも。つい長居してしまいそうだ。

ます。他の自治体や地方議会からの視察も多いですね。

——視察される自治体や議員は、「八戸ブックセンター」を見てどのような感想を抱かれるのでしょうか。

音喜多：どこの自治体でも、本が大事だという思いは共通しています。ただ、やはり図書館を何とかしたいという思いの方が大きいんですよね。運営の予算の問題や、前例が少ないこともあり、なかなか書店という形態の公共施設を開設するところまではいかない。そこが最大の壁ですね。自治体主体の書店は2022年9月に福井県敦賀市にも開館しましたが、もっともっとほかの地域にもできてほしいなと思います。

中心市街地に開かれた、明るく、洗練された空間が魅力。書店巡りを行う愛好家にとっても、一度は行ってみたい書店に挙げられるという。

——今後、「八戸ブックセンター」で取り組みたいことはありますか。

音喜多：八戸市民でもまだ来たことがないという人がいますので、来館を促す企画や、楽しんでもらえるイベントを企画したいですね。もちろん、県内外のお客さんが八戸までわざわざ訪れたいと思えるようなキャッチーなイベントを、スタッフ一丸となって企画していきたいと思います。

書店の脅威となっている万引き被害
今と昔でどう変わったのか

万引きの件数は以前より減った？

書店の経営に深刻なダメージを与えるといわれるのが、万引きである。以前、万引き被害の大きさゆえ、経営が成り立たなくなって店を閉めたという書店もあった。薄利多売のビジネスモデルをとる書店にとって、万引きは深刻な問題である。昨今の実態はどうなっているのだろうか。

「万引きの件数は以前よりは減ったと思います」と話すのは、都心のある個人経営の書店の店主である。「そもそも、コロナ禍以降は書店を訪れる人の数が減りましたから、結果的に万引きは減りました。ただ、万引きの性質は、20年前と今ではだいぶ変わったように思います」

書店の万引きの場合、一昔前はゲーム感覚で盗むという単純な動機（であっても犯罪であることに変わりはないが）や、「本当に自分が読みたいから」という動機の犯人も少なからずいた（繰り返すが、どんな理由であっても犯罪であることに変わりはない）。店主の書店で20年前に特に深刻だったのは、DVD付きの成人誌であった。これは単価が大きいため、1冊盗まれた場合のダメージが大きい。これはまさに、「万引き犯が自分で読みたいから」盗む典型といえそうだ。しかし、現在の万

万引き自体は減ったというが、性質が変わってきていると書店員は話す。
PHOTO：César Viteri（Unsplash）

引きはフリマサイトなどで販売する、いわば転売目的で盗む例が増えているという。

「人気の漫画の単行本がごっそりと盗まれることもある。売れ筋はレジの前に置くなどの対策は講じていますが、相手も手慣れたものというか、プロというか、ちょっとした隙を狙って盗んでいきます。これにはまいりますね。フリマサイトに状態のよい帯付きの単行本のセットが出ていると、盗んだものなんじゃないかと疑心暗鬼になってしまう」

マスク着用だと犯人がわかりにくい

防犯カメラの設置などの対策を急ぐが、犯人の検挙にはなかなか結び付かない。店主も普段から目を光らせているというが、ここにもコロナ騒動の弊害が出ている。マスクの着用が一般的になり、サングラスなどをかける人も増えたため、怪しい人物をマークするのも難しいのだという。子どもの万引きも後を絶たないというが、店主によれば、未成年の万引きには明確な対策方法があるのだという。

「捕まえたら、一にも二にも警察と学校、保護者に通報することですね。昔は反省さえすれば、黙って帰していたんですよ。でも、帰した子どもがまた捕まえるパターンが本当に多かった。やむなく通報したら、万引きはピタッと止まったんですね。どうやら、その子どもの友人もうちで万引きしていたらしいのですが、うちは通報するとわかったので、ターゲットにしないようにしたのでしょう」

子どもたちの口コミ効果は絶大であるゆえ、防止効果は高かったようだ。しかし、店主はこうも話す。

「今では店にやってくる子ども自体が減ってしまった。万引き犯との攻防を繰り広げていたころの方が、店に活気があったのは事実です。子どもが本に興味を持たなくなっていることが、如実にわかるのが辛いですね」

コラム

書店での“立ち読み”は日本独自の風習だった？ 知られざる江戸時代のルーツとは

お話を伺った、近代出版研究所の所長・小林昌樹さん

他の言語に「立ち読み」という言葉は、ほぼほぼ存在しません

書店ではお馴染みの光景として知られる「立ち読み」。あまりにも長く読んでいる立ち読み客のところへ店員が行き、迷惑そうにはたきがけをする……そんな光景が目に浮かぶ方も少なくないはずだ。昨今では雑誌が減ってしまったことや書店そのものが少なくなったこと、本自体にカバーをかけるシュリンクなどによって、立ち読み客の姿を目にすることも減っているが、実はこの「立ち読み」は、他国ではあまり見られない日本独自の風習らしい。なぜ日本では本を買わずに読むだけの「立ち読み」が容認されてきたのか。そして「立ち読み」文化は何を育んできたのか。近代出版研究所の所長で、立ち読みの歴史を調べた小林昌樹氏に話を聞いた。

――在野の研究者たちによる近代出版についての論考をまとめた本『近代出版研究』で、編者の小林さんは『「立ち読み」の歴史』を寄稿しています。なぜ立ち読みについて調べようと考えたのですか。

靖国神社の新聞縦覧所。

小林：調べるきっかけになったのは『公共図書館の冒険：未来につながるヒストリー』という本で「図書館ではどんな本が読めて、そして読めなかったのか」という章の執筆を担当したことです。現在、ふつうの図書館ではアイドル写真集やアダルト雑誌も読めないのが当たり前です――特殊な図書館、たとえば国会図書館では読めますが。けれど、これが時代を遡ると、戦前は山手樹一郎の大衆小説やマンガなども読むことはできなかったんです。この論考では、「長い目で見ると、図書館で読むことができない書物の種類には変化がある」ということを書きました。

その後、より広い「読書の歴史」が気になって調べ始めました。すると古書は残っていても「誰がどうやって読んでいたか」は意外と調べにくい。一番研究が進んでいる新聞の話をすると、かつて明治時代の新聞は「新聞縦覧所」という場所で読むもので始まりました。新聞は後に本屋で買えるようになり、それが宅配に切り替わるのは明治の終わり頃でした。新聞縦覧所の発展なんかも面白い。

――靖国神社の新聞縦覧所の写真を見ると、何だかカフェみたいな感じですね。

小林：そうなんです。まさにカフェやマンガ喫茶みたいな感じで、明治半ばから新聞縦覧所は出会いの場に変貌していきました（笑）。本来の使い方を逸脱して、新聞縦覧所で不埒な行為をする人もいたらしい。2010年から東京都では「インターネット端末利用営業の規制に関する条例」によって、ネットカフェの利用客の本人確認が必要になりましたが、これにも本来の漫画を読むためでなく、男女がよからぬ目的で利用するのを防ぐ面がありました。新聞縦覧所も同じパターンですね。

新聞縦覧所のように、違う用途に変質する例も含めて考えていたら、自分が本屋で本を買わずに「立ち読み」していたことに気が付いたんです。「○○はいつからあったのか？」という「事物起源」についての質問は、国会図書館でレファレンス司書をしていた頃によくあったのですが、よくよく考えると「立ち読み」の起源について調べたことはなかった。これは研究のしがいがあると思いました。

——具体的にどのように調べていったのでしょうか。

小林：明治23年（1890年）の丸善の銅版画を見ると、江戸時代と同じく本が座売りされていることがわかります。つまり130年前から今に至るどこかの時点で、本屋が閉架の座売りから現在の開架に切り替わり「立ち読み」が可能になった、と仮説が立てられますね。これをもとに文献を集めながら年代を絞っていきました。それから「立ち読み」という言葉がいつ生まれたかを調べるのも大切。その使用の先頭を特定できれば、その少し前に「立ち読み」が発生したことがわかる。

——「立ち読み」は西洋にないという話も書かれていて、なるほどと思いました。

小林：私は一度も海外旅行をしたことがないのですが、「立ち読み」の文献を集めると、昭和30年代の戦前くらいまでの海外渡航者が「外国にはない」と書き記しているんですよ。「本屋に入ると『何が必要？』と聞かれるが『特にない』と返すと怪訝な顔をされる」と。

さらに外国語の辞書も片っ端から調べましたが、他の言語に「立ち読み」という言葉は、ほぼほぼ存在しません。「立ち読み」という項目が書かれた日本語・外国語辞書もあるにはあるのですが、「立って読む」とか「立ちながら読む」といったすごく説明的な翻訳ばかりなんです。

だから現象としては言葉にできても、習慣は存在しないのでは、と思い至ったんです。

――なるほど。

小林：ウィキペディアも活用しました。以前の図書館業界では「使うな」と言われていましたが、ウィキペディアは他の言語版と比較することに価値があるんです。「立ち読み」という言葉は日本語以外に、中国語、韓国語、台湾語にしかない。戦前に日本が統治していたエリアが含まれているので「これは日本の本屋の影響が大きそうだ」と、推測しました。日本で生まれ育つと、当たり前すぎて気付かないことってたくさんあるんですよね。「いただきます」の習慣だって大正時代に始まった意外と新しいものですし、「立ち読み」も同様に比較的新しい習慣なんです。

「立ち見」から「立ち読み」へ

――『立ち読み』の歴史」のなかで、「立ち読み」は明治20年代以降に雑誌屋で始まったと論じられています。

小林：私の仮説ではそうです。もともと、本屋と雑誌屋は別物でした。江戸時代において、ハイソではない子どもや庶民は吊るされている浮世絵を絵草紙屋で「立ち見」していました。明治20年代に浮世絵の人気がなくなってから、代わりに置かれたのが雑誌。これが雑誌屋の起源です。彼らは浮世絵の「立ち見」から雑誌の「立ち読み」をするようになっていったんです。

その後、博文館が雑誌の流通に本を載せる「取次」という発明をしたことで、日本では本屋と雑誌屋が一体となり、独自の出版文化を築いていきます。そんな中、戦前から活躍していたジャーナリスト・宮武外骨は大正7年に雑誌屋で始まった立ち読みについて「明治30年（1897年）頃まで咎められた」と書いています。彼は自分も雑誌社を経営しており「立ち読みは咎めないといけない」という意見の持ち主でした。

さらに「東京堂が立ち読みを放置して学生を堕落させている。立ち読みをすれば万引きもしたくなるだろう」と庶民が本屋でも立ち読みをし始めたことに対して、辛辣な意見を述べています。一方、当時の本屋も「万引き犯を見つけたら、寒空の下で水攻めにする」と脅したりもしていました（笑）。でも、その後「立ち読みをさせた方が、結果的に儲かる」という論調に変わっていき、だんだんと業界全体で本屋の立ち読みを容認するようになっていくんです。

断定はできませんが、「立ち読み」は階層の違う人々をシャッフルするのに役に立ったのでは、と個人的には思っています。「立ち読み」によって、昔だったら本に触れるような機会がなかった階層の人も新しい知識を得るチャンスに恵まれる。場合によっては私みたいなプラモ屋の息子が、国立図書館のレファレンス司書になるというケースもある（笑）。多くの人に知識がひらかれて、努力によって職業選択の可能性が増えたのは、「立ち読み」のよい点でもありました。

――戦前から日本の出版界をリードしてきた講談社の創業者である野間清治は「これを読めば大学に行かなくても偉くなれる！」と、あらゆる階層の人々に対して本を読むことによる立身出世を説いていました。「立ち読み」は、そうした出版文化の理念が思いもよらぬ形で表れた風習だったのかもしれませんね。そんな「立ち読み」の風習は近年、書店の減少などによって少なくなっていると思います。

小林：寂しいといえば、寂しいですよね。フィルムで本を包むシュリンクパックが1979年、雑誌の立ち読み防止テープが2015年に発明・実用化され、出版業界も立ち読みをさせない方向に動いています。いずれ「立ち読み」ができなくなるのも、やむを得ないのかなと。

Ａｍａｚｏｎなどのネット書店には「試し読み」の機能がありますが、「立ち読み」は強度が違うというか、似て非なるものだと思います。昔は「立ち読み」をして30分を過ぎると、店員が近くにきてハタキでぱたぱたされたりしたものですが、その緊張感の中で本の一番面白い瞬間を楽しめました（笑）。「立ち読み」は貧しい人にも一流のクリエイティブなコンテンツが供給される仕組みだったのかもしれません。（取材・文：小池直也）

第四章　本を売る場と出版　新たなる関係

コンビニの悩みと独自路線化

コンビニでも本が売れなくなった

出版取次大手の日本出版販売（日販）が、コンビニエンスストアに雑誌や書籍を配送する事業を、２０２５年2月には終了するという。２０２３年10月26日、共同通信社が報じた。現在、日販は全国のファミリーマートとローソン計約３万店に配送している。共同通信社によれば、撤退後は、セブンイレブンに配送しているトーハンが配送事業を引き継ぐ方針とのことだ。いよいよ本格的な紙離れの影響が出てきたか、という印象である。コロナ禍の中で、電子書籍の売上は伸びた一方で、紙の書籍の売上は落ち込みつつあり、リアル書店の数も減少した。日販のコンビニからの撤退は、これまで堅調と思われていたコンビニですら、紙の雑誌・書籍の売上が落ち込んでいることを表している。

しかし、今回の決定を冷静に見る識者も少なくない。というのも、以前から大手コンビニは雑誌の取り扱いを徐々に縮小するのではないか、という噂が流れていたためだ。というのも、コンビニのコンパクトな店舗のスペースの中で、雑誌や書籍は売り場を大幅に占有する一方、思ったほどの利益が出ないとされるためである。

本よりもお菓子の売り場を増やしたい

筆者の知人で、フランチャイズのコンビニを経営する店主A氏に聞くと、「『ジャンプ』が数百万部出ていた時は発売日にはレジの横に山を築いて販売したほどだったけれど、今や漫画雑誌もほとんど売れなくなった」と言う。「雑誌を置くくらいなら、かわりにお菓子の面積を増やした方がいいと考える店主も多いのではないか。売れ筋の雑誌以外の取り扱いが縮小されるのは、時間の問題だと思う」とのことである。

「そもそも、コンビニで扱う雑誌や本の売上は年々減少傾向にあります。コロナの巣ごもり期間中には『鬼滅の刃』のヒットがあり、確かにレジの横に積んでいたら瞬く間に売れる現象が起きました。それ以降も『【推しの子】』みたいなメガヒットは出ているけれど、完全にネット書店と電子書籍に客が移っちゃったね。漫画雑誌なんて全然売れないですよ。売れないのに置き場所をとるし、重いから返本も面倒。扱いたくないくらいです」

もともと芳しくなかった本の売れ行きが、コロナ騒動で完全にとどめを刺された、というのがA氏の意見である。コロナが5類になり、世間の空気感が元に戻っても、本の売上は回復していないという。今後、電子書籍の普及や長引いたコロナ騒動の影響もあって書店の閉店は加速するものと思われる。そんななか、書店はないが、コンビニはあるという自治体もありそうだし、地方では書店よりもコンビニの数が多いという自治体は決して珍しくない。こうした地方にとって、コンビニは完全に〝知識のインフラ〟と化している状況であり、書店のかわりとなっているケースが多かった。日販の配送を引き継ぐトーハンには、ぜひとも、地方の文化の担い手役となるという気持ちで、事業を続けていただきたいものである。

なお、日販はローソンと連携し、「LAWSONマチの本屋さん」という書店併設型のコンビニをオープンしてきた。2021年6月、埼玉県狭山市に1号店をオープンさせて以来、着実に店舗数を増加させている。コンビニの機能については、基本的には従来のローソンと同様だが、通常のコンビニよりも本や雑誌を大々的に取り扱うというものである。この「LAWSONマチの本屋さん」は今後の広がりが期待されていただけに、日販がその仕事を引き継ぐのかどうかにも注目が集まる。

コンビニ特有の悩みとは

ところで、A氏が頭を抱えるのは週刊誌やグラビア雑誌の扱われ方である。

「シールを貼っているのに無理やり開けて立ち読みしようとする客が多いから、破れたり汚れたりしやすい。手の脂が表紙について折れ曲がっている雑誌なんて、心理的に買う気が起きないでしょう。それに、本を並べるラックの構造もよくないよね。勢いよく突っ込まれるから、表紙がすぐに破れる。困りますね」

また、コスプレイヤーやアイドルの表紙がウリの漫画雑誌も同様に、ボロボロにされやすいそうだ。以前のコンビニといえば、雑誌コーナーを駐車場に面した場所に置き、敢えて立ち読みさせることで客が入っていると思わせ、集客効果を狙っていたといわれる。いまはそんな効果はゼロと言っていいようだ。

「とにかく、漫画雑誌が売れなくなったのは痛いですよ。今の若い人って、そもそも漫画を読んでいるんですかね？　あ、電子書籍で読んでいるのか。ファッション雑誌は全然ダメですね。あと、コンビニコミックも、いったいいつまでもつか怪しいくらい、売れ行きが芳しくない。あ、『ゴルゴ13』とか『こち亀』は近所のおじさんや、長距離トラックの運転手さんに売れて堅調です』

成人雑誌の扱いがなくなったのも痛い

かつてコンビニで扱う本で売れ筋だったのは、成人誌であった。しかし、数年前から事実上、大手コンビニでは成人誌の取り扱いを停止している。これは子供や女性客への配慮、そして東京オリンピックや大阪万博を見据えて進められたというが、「ネットの無料動画やダウンロードサイトの台頭で、成人誌の売れ行きは悪くなっていたので、なくなるのは時間の問題だった」と、A氏。

なお、コンビニは立地などによって売れ筋の商品に差が出る傾向がある。あくまでも今回の取材は地方の一店舗のケースとして見ていただきたいが、とはいえコンビニの本の売れ行きが良好とはいえない実態がよくわかる。昔ながらの書店が相次いで閉店する中、コンビニは比較的新刊が入りやすいなどの強みもあった。そのため、近所の高齢者からの注文もあるという。

A氏はこう訴える。

「私も漫画が好きですし、本が好きですよ。でも、やはり店の売上が大事ですから、頭を抱えてしまいます。ただ、個人的にはうちで売られている本を雑に扱う人が一番困ります。本当に迷惑。雑誌をボロボロにしないでほしい。貼られているテープをはがさないでほしい。できれば汚したら買ってほしいですね……」

独自路線を模索するコンビニも

多くのコンビニオーナーが頭を抱える一方で、リアル書店同様に独自の路線を歩むコンビニもある。2024年1月17日付の日本経済新聞でも報じられた「セブンイレブン天理成願寺町店」は、海外絵本、短歌、パレスチナ問題などの書籍を扱い、コンビニらしからぬ選書として話題を呼んでいるという。読書好きの大学生のアイディアが発端となり、次第に地域のコミュニティスペースにもなってきたとのことだ。

こうした取り組みは、コンビニの雑誌・書籍コーナーの可能性を再発見できるだけでなく、やはり地方都市において書店がなくてはならない存在であることを実感させてくれる。実は、コンビニはフランチャイズのオーナーの自由度が高い部分も多く、地元の野菜を並べるなど個性を打ち出している店も多い。「セブンイレブン天理成願寺町店」に続く、本で個性を発揮する店があらわれるのか、注目していきたい。

話題の出版社、点滅社・屋良朝哉が出版社を立ち上げたのはある書店との出合いがあった

——重版出来『鬱の本』への思いと共に

今話題を集めている出版社、点滅社の屋良朝哉さん

小規模出版社の雄「点滅社」

かつて、「本は編集者が一人いればできる」などと言われたことがあるが、まさに編集者＝代表の企画力を強みに、大手出版社とは一線を画す独自路線の本を発刊して話題になる小規模出版社が増えている。その筆頭格が、首都圏を代表する大型書店の「紀伊國屋書店新宿本店」から、静岡県沼津市の小規模書店の「リバーブックス」まで、大小様々な書店で売れに売れている『鬱の本』を出版した点滅社であろう。

『鬱の本』は、谷川俊太郎から、豊田道倫、姫乃たまなど、作家やミュージシャンら総勢84人の書き手が「鬱」をテーマにしたエッセイを執筆、それをまとめた本である。1月中旬に出来する第2刷は、初版よりも部数を増しての重版となるそうだ。「鬱」という漢字がインパクト抜群のタイトルだが、「うつ病の治療法が書かれた本」ではない点も特徴である。

本書の企画・編集を手掛けた点滅社の共同代表・屋良朝哉氏は「自分と同じような鬱屈とした気持ちで生きている人に寄り添いたい思いで、この本を作りました」と語る。屋良氏のこだわりは企画から執筆者の選定、本の装丁に至るまで、随所に表れている。強烈なタイトルと豪華な執筆陣に興味を持って手にし、読み進めるとホッとした気持ちになる……そんな一冊を編集した屋良氏に、企画の動機から今後の展望までを語っていただいた。

『鬱の本』は「ある意味、読まれなくてもいい」

――『鬱の本』は直球ストレートなタイトルで、書店でも目を引きますね。屋良がこの本の企画を思いついた理由を教えていただけますか。

屋良：点滅社を立ち上げた時から、自分と同じように鬱屈を抱えた人に向けた本を作りたいと思っていたんです。そんな時に夏葉社さんの『冬の本』を読み返していたら、全ての寄稿文が見開き1000文字程度という短さで、どこから読んでもいいし、内容もわかりやすくて驚きました。元気のないときって、本なんて読みたくてもなかなか読めないんですけれど、こうした体裁の本なら自分と同じ境遇の人にも届けられるのではないかと思い、企画を思い立ったんですね。

――屋良さんは、ご自身も度々手にした本に勇気づけられたそうですね。

屋良：僕はこれまで何回も死のうとしたことがあったんです。だけど、本や音楽や映画のおかげで、もう一晩だけ生きてみるか、となんとか夜を乗り越えてきました。一晩くらい、もう一晩くらい、という積み重ねで現在に至っています。僕はサブカルや本がなかったら今ここにいないかもしれないので、人一倍、本の力を信じています。『鬱の本』を読んだ自分と似たタイプの人が、僕と同じように「もう一晩くらい」という気持ちになってくれたらいいなと思っています。

――本をテーマにしたエッセイのアンソロジーになっているのは、屋良さんの実体験が影響しているわけですね。

屋良：僕は病院へ行く時には2～3冊本を持っていきます。実際には読まない時もあるので、僕にとっては護符やお守りのような感じですね。『鬱の本』も、そういう意味では〝読まれなくてもいい〟と思って編集した本で。本というよりも物として傍に置いておきたい、あたたかいものを作りたいという思いを大事にしました。判型が小さいのも、持ち歩きやすいようにという工夫です。

――屋良さんは、寺山修司の『人生処方詩集』を大事な本として挙げています。

屋良：実は『人生処方詩集』も未だに全部読んでいないのですが（笑）。それでも大事な本であることには変わりなく、タイトルを見ているだけで心が救われる一冊です。だから、『鬱の本』も全部読まなくてもいいと思っていて、1日1ページ好きなところからめくってもいい。Xで、この本を枕元に置いていると言ってくれていた人もいて、とても嬉しかったですね。読んで勇気が湧いてきたり、鬱屈を抱えているのは自分だけではないと認識して、あったかい気持ちになってくれればと感じます。

84人の人選と、原稿依頼の裏話

――84人に原稿依頼するのは大変だったと思いますが、ミュージシャンから書店の店主まで個性派揃いですね。人選はどのようになさったのでしょうか。

屋良：基本的には、僕のことを助けてくれた人、支えになってくれた人にお願いしています。僕がしんどい時に心の支えになってくれた大槻ケンヂさん、町田康さんなどをお誘いしました。アマチュアの方も混在していますが、知名度で選んだのではなく、Xで見かけた凄くいい文章に惹かれて、「この人は鬱をテーマにしたらいい文章を書いてくれそう」と思った方に声を掛けました。まさか、こんなに執筆者が豪華になるとは驚きで、結果的に良い感じになったと思います。

――依頼はどのようになさったのでしょうか。

屋良：「鬱や憂鬱や鬱屈に寄り添う本を目指します」と最初に書きました。繊細なテーマなので、企画の意図をお伝えするのが大変でしたが、あたたかい本を作りたいという思いはお伝えしました。ただ、僕自身、編集者の経験がほとんどないまま始めたので、説明にはだいぶ苦労しまして。執筆者のみなさんにご迷惑をおかけしたと思います。

――エッセイは著者名のあいうえお順に並んでいます。屋良さんの原稿は〝や〟だから後半なのですが、後ろから2番目と、絶妙な位置に収録されていますね。

屋良：夏葉社『冬の本』と同じようにあいうえお順になっています。あいうえお順なら差がつかないし、みんな平等になっているのでいいなと思いました。僕が後ろから2番目なのは、僕の苗字がたまたま〝や〟行だったため。もともとは僕の原稿は載せない予定でしたが、冬の本と同じ84人にするためにはもう1人足りない。そこで、急遽、締切の1週間前くらいに書き始めました。後半に載ったので、結果的にあとがきっぽくなって良かったかもしれません。

本の体裁にもこだわりが

――タイトルはどのようにして決めたのですか。

屋良：平仮名の「うつ」は病気のイメージに縛られるけれど、〝鬱〟という漢字なら、鬱屈、鬱蒼、憂鬱など、いろんな感情を表現できると思いました。それに『冬の本』からインスパイアされたので、〝冬〟と〝鬱〟は母音が一緒なので合わせようと思いました。

――本の装丁や大きさにもこだわりを感じます。コンパクトなのは、持ち歩きやすくするための工夫とのことですが、敢えてカバーがない点もセンスがありますね。

屋良：デザイナーの平野拓也さんと何度も打ち合わせを行い、表紙のデザインにも意味を込めています。遠くから見たときにあたたかく優しく感じる色合いで、近くから見ると目が空洞で憂鬱っぽく見えるなど、あたたかさと鬱のイメージを両立しようとしました。そして、クッキーみたいな〝何か〟が、いくつもありますよね。このクッキーみたいな〝何か〟は、84人の、様々なエッセイが収録されているという意味と、もっと言えば〝鬱〟に関係のある人全員を指していて、たくさんの人がここにいる感じを表現したものです。

――帯が透明なのも印象的です。

屋良：クッキーみたいな〝何か〟たちが隠れないようにと、帯は表紙が透けてみえる仕様にしました。タイトルの箔押しも平野さんに提案いただいて、コストがかかりましたが、妥協したくなかったので即決しました。レインボーの箔押しは角度によって黒になったり、派手になったりと、いろんな見方や捉え方ができる。鬱の混沌としている感じが表現できると考えたためです。

読者からの反響が何よりも励みになる

――編集中の思い出深いエピソードはありますか。

屋良：執筆者の方は全員優しかったです。特に、僕は島田潤一郎さんが立ち上げた小さな出版社「夏葉社」が憧れだったので、一緒に仕事ができたのは嬉しかった。以前トークイベントでお話させていただく機会がありましたが、島田さんは僕にとってロックスターのようなポジションの人だったので……本当に夢のようでした。

――ＳＮＳなど、ネットでも大きな反響を呼んでいますよね。

屋良：ＳＮＳを通じ、点滅社の存在を初めて知っていただいたケースも多かったですね。僕の存在、発信自体が支えになっている人もいると思いますと、執筆者の方から言っていただけたのも嬉しかった。僕が生き続け、活動し続けることで、〝鬱〟に苦しんでいる人々に寄り添えているとしたら嬉しいです。

――誤植を発見して手書きで直したとか、読者にも優しい方が多いですよね。優しさの輪の繋がりが見えたのも、良かったと思います。

屋良：誤植は申し訳ない気持ちで、報告を受けたときはあまりにショックで泣いてしまったほどなのですが、みなさんの優しさには感謝しきりです。誤植を直してくださり、結果的に「自分だけの本になった」と言ってくれた方もいらっしゃいましたが、とはいえ誤植はない方がいいに決まっているので。誤植は増刷分から修正しました。

想いが届く本をこれからも作っていく

——『鬱の本』にインディーズのロックバンドのアーティストや、歌人が多いのも屋良さんの趣味でしょうか。

屋良：僕の趣味ですね。僕は趣味趣向がオタク的で、自分が凄くいいと感じたものを周りに紹介したい、という思いがあります。インディーズのロックバンドのアーティストは僕を助けてくれた存在なので、やはり周りに広めたいという思いで人選しました。巻末の著者紹介も、この人のこの本やアルバムをよかったら聞いてね、という思いでまとめました。あと、中野ブロードウェイにあるタコシェの中山さんなど、書店関係者もお誘いしています。10代の頃、旅行で東京を訪れた際に通ったほど中野ブロードウェイは憧れで、ここに本を置いてもらいたいという夢がありました。実現した時は嬉しかったし、10代の頃の自分に自慢したいです。

——そんな思いが凝縮された本が多くの方に届き、2023年は屋良さんの仕事にも弾みがついた1年だったのではないでしょうか。

屋良：今年は『鬱の本』のために費やした1年でした。発送作業も手伝ってもらい、3人がかりでやりました。近くの郵便局では対応してもらえず、駅前の郵便局までレンタカーで何回も往復しましたね。増刷のタイミングがわからず、いろいろ遅れてしまい、申し訳なく思っています。

――わずか2人で出版社を経営されていますが、少人数でもこうした面白い本が編集できることに、出版の可能性を感じました。今後の意気込みを語っていただけますか。

屋良：点滅社の社風は『鬱の本』のイメージそのもので、しんどいと思っている人を照らせる本を作りたいという思いが一貫してあります。といいますか、そういう本しか作る気がありません。マーケティングを考え始めたら終わりだと思っていて、そういうことを僕が言い出したら、潔く会社を潰します。それでは最初の動機と違ってきますから。今後も基本的に文芸書を中心に出していきたいのですが、来年は歌集が多めになると思います。そして、今後も「点滅社じゃなければ出せない本」を出していきたいと思っています。

高松のひとり出版社が脚光

令和版万葉集「古典拓く道に」
地方に続々登場する小規模出版社

小規模な出版社が続々登場

店主の個性が表れた小規模な書店が登場しているが、出版社でも同様の変化の兆しがみられる。大手出版社には企画できない、独創的かつ個性的な本を出版する小規模な出版社が、存在感を示しているのだ。いわゆる〝ひとり出版社〟である。小規模と侮るなかれ。代表者の個性が存分に発揮された本づくりが共感を呼び、ベストセラーも相次いで生まれているのだ。

２０２２年から２０２３年にかけて大型書店のランキングを騒がせたのが、日本最古の歌集『万葉集』を現代的な言葉に置き換えた『愛するよりも愛されたい』『太子の少年』である。香川県高松市にある作家の佐々木良氏が立ち上げた出版社「万葉社」が刊行し、シリーズ累計発行部数が23万部を突破するベストセラーになった。

元朝日新聞の記者・堀江昌史氏が立ち上げた「能美舎」は、歴史的な街並みが残る滋賀県長浜市に拠点を置く出版社だ。大津市の男子中学生が琵琶湖の魚を研究してまとめた本『はじめてのびわこの魚』や、長浜市が舞台の井上靖の小説を復刻した『星と祭』など、地域に根差した本を相次いで刊行している。

東京にある「点滅社」が刊行した『鬱の本』は、〝ふたり出版社〟発のベストセラーだ。「鬱」に関する小説家やミュージシャンなど84人の著名人のエッセイをまとめた一冊で、紀伊國屋書店新宿本店など都心の大型書店でも評判となり、重版が決まった。

本書でも点滅社の代表の一人、屋良朝哉氏にインタビューをしているが（P247）。屋良氏は『鬱の本』を編集した経緯を、「自分と同じような鬱屈とした気持ちで生きている人に寄り添いたい思いで、この本を作りました」と語り、自身を助けてくれた人、支えになってくれた人に原稿を依頼した。そうした思いはしっかりと読者に届いたようだ。

小規模書店との相性も抜群にいい

さらに、こうした出版社が出す本は小規模な書店との相性が抜群にいいようである。静岡県沼津市にある「リバーブックス」でも『鬱の本』の売れ行きは好調という。

ひとり出版社は自宅の一室を倉庫代わりにしたり、重版が決まれば一人で配送依頼にいく必要があったりと、苦労も多いようである。しかし、個人が作り上げた本が全国の読者に届いている事実を知ると、改めて本の力は凄いものだなあと感じてしまう。

また、ひとり出版社は地方に拠点をおく例が多いが、少人数で立ち上げた地方発の出版社にも注目したい。例えば、兵庫県明石市に本社をおく「ライツ社」は、児童書で初めて２０２４

年本屋大賞にノミネートされた知念実希人の『放課後ミステリクラブ1金魚の泳ぐプール事件』を刊行している。

ちなみに、西日本の出版社の書籍が本屋大賞にノミネートされたのも初めてのことで、『放課後ミステリクラブ1金魚の泳ぐプール事件』は歴史的な一冊といえるだろう。ひとり出版社や地方発の出版社がベストセラーを席巻し、出版界の名だたる賞を騒がせる、そんな時代が訪れるかもしれない。

山内貴範（やまうち　たかのり）
1985年、秋田県出身。建築、歴史、地方創生、科学技術などの取材・編集を行う。大学在学中に手掛けた秋田県羽後町のJAうご「美少女イラストあきたこまち」などの町おこし企画が大ヒットし、NHK「クローズアップ現代」ほか様々な番組で紹介された。商品開発やイベントの企画も多数手がけている。

ルポ書店危機

2024年4月30日　初版第一版発行

著者　山内貴範

発行者　神谷弘一

発行・発売　株式会社blueprint
〒150-0043
東京都渋谷区道玄坂 1-22-7 5F/6F
Tel: 03-6452-5160　Fax: 03-6452-5162

編集　一柳明宏（株式会社blueprint）

DTP　水谷美佐緒（プラスアルファ）

印刷・製本　株式会社シナノパブリッシングプレス

ISBN978-4-909852-50-2 C0036

本書は総合カルチャーサイト『Real Sound』での記事を加筆修正し新規取材を加えて編集したものです。